中国名山风景名胜区研究丛书

九华山风景名胜区

景观析要

李雄　刘玮　著

中国建筑工业出版社

图书在版编目（CIP）数据

九华山风景名胜区景观析要/李雄，刘玮著. —北京：中国建筑工业出版社，2022.5
（中国名山风景名胜区研究丛书）
ISBN 978-7-112-27041-5

Ⅰ.①九… Ⅱ.①李… ②刘… Ⅲ.①九华山—风景名胜区—研究 Ⅳ.①K928.3

中国版本图书馆CIP数据核字（2021）第269982号

责任编辑：杜　洁　李玲洁
责任校对：王　烨

中国名山风景名胜区研究丛书

九华山风景名胜区景观析要

李　雄　刘玮　著

*

中国建筑工业出版社出版、发行（北京海淀三里河路9号）
各地新华书店、建筑书店经销
北京锋尚制版有限公司制版
北京富诚彩色印刷有限公司印刷

*

开本：787毫米×1092毫米　1/16　印张：14¼　字数：299千字
2022年10月第一版　　2022年10月第一次印刷
定价：**88.00**元
ISBN 978-7-112-27041-5
（38850）

前言

　　中国的名山巍峨壮观，独具特色，融合了数千年文明，积淀了丰富的山水文化，是中华文化重要的组成部分，也是人类重要的自然文化遗产。山岳风景名胜的形成是在漫长历史进程中不断发展的，并随着时代的进步不断注入新的文明与文化。山水是最具美感的自然景观要素，给人以愉悦和陶冶。人与山水审美体系的建立和发展，是人类文明发展的本质特征。中国人对自然山水有独特的情感，创造出独具特色的山水文化思想。老子"人法地，地法天，天法道，道法自然"集中体现出人与天调的中国哲学精神。

　　九华山位于皖南青阳县西南，现已成为国家重点山岳型风景名胜区。传统文化融合进自然风光，经过历代更替兴衰，流传至今。作为宝贵的自然与文化遗产，九华山寺庙园林的整体布局结构、单体构成以及意境的营造，表现出九华山传统地域文脉和独特的理景手法。

　　本书从时间、空间、文化三个维度入手，从宏观、微观的视角，对九华山风景名胜区的形成和景观营造理法进行深入的研究。从时间维度上，梳理了九华山风景名胜的营建过程，包括寺庙园林、交通体系、聚落景观的营建。空间维度上分别从宏观角度分析了九华山山水格局和空间序列，并对九华山寺庙选址的特点、环境朝向、尺度形态进行了系统的研究；从微观角度对寺庙园林构成进行分析总结，包括对引导空间、建筑空间、环境空间的研究。从文化维度上对九华山寺庙园林意境的表达进行了研究。

　　中国天人合一、人与天调的哲学理念，自然山水与文化融合的理景手法，是我们需要传承和发展的中华智慧，也是希望此书呈现给读者的初衷。

目录

第一章

引言

中国人善于将中国传统文化融入自然形胜中，在自然环境中留下历史文化的烙印，遂形成风景名胜。其中，山岳类风景名胜常常承载着宗教文化，以寺庙等设施为人文景观的主体，建立起山岳风景名胜与宗教文化的关系，形成佛教或道教的传播中心。

佛道名山是"天人合一"思想在山水美学领域的体现。对佛道名山的保护不仅要保护自然山水环境以及人文景观遗产，还要保护传统文化格局下的山水审美意趣，在物质层面和精神层面共同维护佛道名山景观的完整性。

九华山位于安徽省池州市青阳县西南，是我国著名的佛教名山胜地之一，与山西五台山、四川峨眉山、浙江普陀山合称四大佛山。九华山古称九子山，山名最早见于南朝梁、陈间顾野王《舆地志》："九子山，千仞壁立，周回二百里，高一千丈，出碧鸡、五钗松"。唐天宝年间，李白在《改九子山为九华山联句并序》中写道"削其旧号，加以九华之目"，自此，九子山更名为九华山。其自然景观资源丰富，峰丛南北绵延20余公里，有九十九峰之称。境内遍布幽谷深潭、瀑布泉水。宋《太平御览》卷四十六引《九华山录》记载："此山奇秀，高出云表，峰峦异状，其数有九"。项有彬、杨晓丽分别在各自所著的《九华山》书中对九华山的地理气候、历史、风景、佛教、寺庙、古迹、神话传说、物产等基本概况做了系统而全面的描述。

中国旅游大区共划分为东北、华北、内蒙古、西北、华中、华东、东南、西南、青藏九个一级旅游大区。皖南旅游区位于华东旅游大区，对其范围的界定，从"滁州—合肥—六安"一线以南地区逐渐扩大到以"两山一湖"旅游区为重点，包括黄山市、池州市、宣城市、芜湖市、马鞍山市和铜陵市的"大皖南国际旅游区"。皖南旅游区地处北亚热带，旅游资源丰富多样，既有黄山、九华山等山岳风景名胜，又有西递、宏村等徽州文化景观，将皖南特有的自然地理与人文历史完美结合在一起。

黄山—九华山—太平湖（两山一湖）地区西临江西省，东接长江三角洲地区。该区域以自然风光为主，同时又具备历史人文景观。景区分布集中，景点之间的平均距离为5公里，区内包含国家级风景名胜区、国家级自然保护区、国家森林公园和国家地质公园、国家和省级重点文物保护单位等。自然景观包括黄山、九华山、齐云山、新安江、太平湖、鱼龙洞、蓬莱仙洞、清凉峰、牯牛降等，文化古迹包括九华山寺庙群、齐云山道教圣地等（图1-1）。这些景观资源相互关联，形成了一个空间网络，可满足观光游览需求和科研需要。

九华山是地藏菩萨道场，其佛教兴起于唐代，发展于宋元，鼎盛于明清。明朝时成为中国佛教四大名山之一。佛教、道教、儒学思想融合于自然风光，通过寺庙景观的形式表达出来，经过历代更替兴衰，流传至今。作为宝贵的文化遗产，九华山寺庙景观的整体布局结构、单体构成以及意境的营造，重视寺庙建筑与寺庙内外环境的和谐共生，表现了九华山的宗教文化和乡土文化特点。

本书研究对象为九华山寺庙景观。研究范畴包括空间范畴和时间范畴

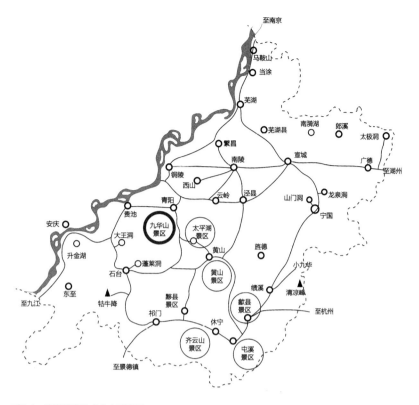

图1-1 皖南旅游景点分布示意图
（图片来源：根据卢村禾.关于建设皖南旅游区的几个问题及尚林.皖南旅游区布局研究改绘）

两部分。空间范畴包括九华山外围环境、九华山风景名胜区的地理范围、九华山寺庙景观三个层次。时间范畴从唐代至今，但不局限于这个特定时期，更注重探索时间与空间的综合叠加的规律。

九华山景观的记载多见于文人诗词、游记散文、地方志。李白《望九华赠青阳韦仲堪》、刘禹锡《九华山歌》、王安石《答平甫舟中望九华》、苏舜钦《望九华山》、苏辙《过九华山》、杨万里《舟中望九华》、李宗泗《秋日游九华山》等诗词均对九华山的整体景观做出了艺术化的描写。释希坦《七布泉》《九华崇寿塔》、陈岩《九子峰》《天柱峰》《黄石溪》《金地藏塔》等诗词描写了九华山古代的建筑、自然形胜。

九华山游记散文数量众多，以唐代费冠卿《九华山化城寺记》、宋代吴梦祈《李翰林九华书堂记》、明代王思任《九华山记》、清代施闰章《游九华记》、吴襄《九十九峰记》、民国高鹤年《九华山游访记》等为代表，记载了不同时期九华山寺观、村落、自然形胜、传说典故、历史变迁等，是研究九华山的重要资料。

九华山方志是研究的重要组成部分。九华山的重要地方志有：明嘉靖《九华山志》，清光绪《九华山志》、民国《九华山志》、1990年版《九华山志》。其中明嘉靖《九华山志》是九华山有史以来编纂的第一部山志，为后世续编九华山志奠定了基础。清光绪《九华山志》由青阳知县谢维喈重修，训导周赟纂修，共12卷，是九华山历代山志中资料最丰富、内容较完备的一部。周赟在该志中绘有《九华山水全图》，并将九华名胜概括为"九华十景"，图文并茂。民国版《九华山志》共分8卷11门，分别为：圣迹门、形胜门、梵刹门、高僧门、灵应门、檀施门、营建门、流寓门、艺文门、物产门、志余门。1990年版《九华山志》由九华山志编纂委员会编纂，全志共分为自然环境、胜景、佛教、文物、建筑、人物、艺文、旅游、管理、杂记10个篇目，另有图、表格、照片及附录，为保护和建设九华山提供了可信的史料，为进一步深入研究打下了基础。2001年版《九华山大辞典》全面、深入、系统地研究了九华山及周边地区的历史与文化，内容涵盖山情概况、自然环境、胜景奇观、佛教、道教、文物古迹、文化艺术、民俗风情、人物、旅游、对外交往、规划建设等方面。

现代九华山景观的研究还处于初期阶段，对九华山建筑、寺院变迁有少量涉及。白雪总结了九华山地域性景观以及寺庙景观环境的特征，指出了九华山建设过程中出现的问题，并提出了适合九华山可持续发展的设计策略。

对九华山寺庙景观的研究相对较少，陈迟在《明清四大佛教名山的形成及寺院历史变迁》中，梳理了四大佛教名山的发展历程、菩萨道场的形成以及寺庙的风格、布局特点及建设历史，研究菩萨信仰对寺庙、信众、僧人的影响。

张邦启从建筑历程、布局结构、造型形式、制作手法等方面对九华山寺庙古建筑群的建筑特色进行了探究。《漫步秋浦·九华山卷》对九华山的重点景区进行了分析，其中包括重点寺庙景观的描述。

历史文献是研究九华山风景名胜的重要依据。九华山相关历史文献包括九华山志书、地方志、散文游记、诗集、碑刻、善本及其他著作。

1. 志书

有关九华山的山志、专集数量较多，明代有5部著作，清代8部著作，民国2部，现代3部。明代以前的志书资料大部分已佚，故研究分析以明清时期和民国时期的山志为主。古代山志是研究九华山寺庙景观、交通体系的形成与发展过程的重要依据（表1-1）。

2. 地方志

地方志是本书重要的史料来源，现存的地方志包括明代的青阳县志、清代的3部青阳县志、新中国成立后的2部青阳县志、明代的2部池州府志、清代的3部池州府志等（表1-2）。

表1-1 九华山历代志书汇总

名称	年代	作者	出版社	馆藏
九华山志	明嘉靖丙戌	王一槐		国家图书馆
九华山志	明万历七年（1579年）	苏万民		安徽省图书馆
九华山志	明万历二十一年	蔡立身		

名称	年代	作者	出版社	馆藏
天柱志	明万历三十七年（1609年）	施达		早佚，少数诗文散见于陈蔚《九华纪胜》
九华志	明崇祯二年（1629年）	顾元镜	明崇祯四年（1631年）刻本	上海图书馆
九华山志	清顺治九年（1652年）	吴光锡重修		已佚，仅少数诗文存于《九华纪胜》
九华山志	清康熙二十八年（1689年）	李灿		上海图书馆
九华东岩志	清康熙二十八年（1689年）	释祖格		此志专记东岩之胜，分八累并作图，已佚
九华新志	清康熙五十五年（1716年）	陈捷重辑		未刊行，已佚
九华山志	清乾隆四年（1739年）	池州知府李璋重修		
池州府志，九华山	清乾隆五年（1740年）	李璋重修		安徽师范大学图书馆
九华纪胜	清道光元年（1821年）；梅缘书屋木刻本	陈蔚	梅缘书屋，清道光元年（1821年）	南京地理所图书馆。安徽省博物馆藏十八卷（缺五卷）
九华山志	清光绪二十六年（1900年）；清光绪二十七年（1901年）刻本	青阳知县谢维喈		
九华指南	民国14年（1925年）	姜孝维	文明书局	
九华山志	民国27年（1938年）	印光大师修订	弘化社	上海国光印书局出版，铅印本
九华山志	1990年9月	九华山志编纂委员会编纂	黄山书社出版	
九华山大辞典	2001年8月	九华山大辞典编纂委员会	黄山书社	

资料来源：作者根据相关资料整理而成。

表1-2　青阳县志、池州府志汇总

地方志	年代	卷数	作者	出版社	馆藏
青阳县志	明万历二十二年（1594年）		蔡立身	全国图书馆文献微缩中心	国家图书馆
青阳县志	清光绪十七年（1891年）		周赟	黄山书社	国家图书馆
青阳县志	清乾隆年间	八卷	段中律	全国图书馆文献微缩中心	国家图书馆
青阳县志	清顺治十四年（1657年）	六卷	杨梦鲤	全国图书馆文献微缩中心	国家图书馆
青阳县志	1978～2005年		青阳县地方志编纂委员会	黄山书社	国家图书馆
青阳县志	1992年		青阳县地方志编纂委员会	黄山书社	国家图书馆
池州府志	明正德十三年（1518年）	十二卷	何绍正	全国图书馆文献微缩中心	国家图书馆
天一阁藏明代方志选刊——嘉靖池州府志	明嘉靖二十四年（1545年）	九卷	王崇	上海古籍书店	国家图书馆
池州府志	明万历四十年（1612年）	十卷	李思恭	全国图书馆文献微缩中心	国家图书馆

地方志	年代	卷数	作者	出版社	馆藏
池州府志	清康熙十二年（1673年）	二十二卷	朴怀玉	线装书局	国家图书馆
池州府志	清康熙五十年（1711年）		马世永	国家图书馆出版社	国家图书馆
池州府志	清乾隆四十三年（1778年）	五十八卷	刘权之	成文出版社	国家图书馆

资料来源：作者根据相关资料整理而成。

3. 散文游记

中国古代的山水游记是研究古代山岳名胜的重要依据。晋宋地记是中国古代山水游记的起源，通过《水经注》和唐宋类书对唐宋山水游记的语言、审美产生了影响。山水游记初步形成于中唐，包括抒情议论和考察纪实两种类型。以柳宗元为代表的唐宋文人游记属于抒情议论类，以《徐霞客游记》为代表的游记属于考察纪实类。

历代文人墨客游九华山留下的众多游记，成为研究九华山寺庙景观历史的重要依据。现有尚存的新中国成立前的游记包括：唐代1篇、宋代3篇、明代16篇、清代15篇、民国2篇。新中国成立后民间游记数量较多，选取九华山志中有代表性的12篇游记在下表中列举（表1-3）。

表1-3 九华山游记类汇总

序号	书名	年代	卷数	作者
1	九华山化城寺记	唐		费冠卿
2	唐池州九华山化城寺地藏传	宋		赞宁
3	李翰林九华书堂记	宋		吴梦祈
4	九华山录	宋		周必大
5	九华山房记	明		王祎
6	太白书堂记	明		王舆
7	重建九华行祠石壁庙记	明		吴应之题，程懋作
8	阳明书院记	明		邹守益
9	双华精舍记	明		任柱
10	甘泉祠记	明		吕楠
11	中亭记	明		汪景
12	重建太白书堂记	明		孙楼
13	建五溪桥、亭、楼、坊记	明		苏万民
14	九华山记	明		王思任
15	游九华记	明		吴同春
16	游九华记	明		曹学佺
17	钦所罗先生精舍记	明		罗华衮
18	游天台记	明		吴光裕

序号	书名	年代	卷数	作者
19	游九华记	明		刘城
20	东岩佛殿碑记	明		吴文梓
21	六泉口记	清		刘廷銮
22	重修九华山化城寺碑记	清		喻成龙
23	重修九华山化城寺碑记	清		吴国桂
24	重修化城寺记	清		刘含芳
25	东岩精舍碑记	清		熊祖诒
26	百岁岩记	清		钱桂森
27	甘露庵记	清		李端遇
28	祇园记	清		汪宗沂
29	开建翠峰华严道场碑志	清		江瑞
30	天台峰图记	清		周赟
31	游上禅堂记	清		周赟
32	陵阳山解	清		周赟
33	游九华记	清		施润章
34	九十九峰记	清	一卷	吴襄
35	游九华山记	清	一卷	洪亮吉
36	九华山游访记	1919年		高鹤年
37	九华山纪游	1928年		蒋维乔
38	李可染在九华山	1978年		任愚颖
39	秀出九芙蓉	1981年		唐大笠
40	秋夜，在九华山……	1983年		王慧骐
41	九华山"乱石崩云"	1985年		陈献
42	九华山游记	新中国成立后		林麟
43	佛殇	新中国成立后		王业霖
44	九华山记	新中国成立后		叶鑫潮
45	登天台	新中国成立后		刘向阳
46	花台游记	新中国成立后		苏华民
47	记九华山记其石刻	新中国成立后		饶水
48	探寻恶龙潭	新中国成立后		林启纲
49	风生九华	新中国成立后		王诗晓

资料来源：作者根据相关资料整理而成

4．诗集

历代文人墨客前往九华山礼佛赏景，留下众多描写九华山风光以及佛教题材的诗词。目前可查的诗词多达八百余首。

唐代诗人李白、刘禹锡在九华山创作的诗使九华山进入大众的视野，成为晚唐时期的文人聚集地。唐咸通年间，作为"诗中十哲"的许棠、张齐等人，在九华山创立诗社。明代号称为"九华六逸"的吴钟、吴世阅等人也曾创办诗社。陈岩、王阳明分别编有《九华诗集》。此外，九华山还有很多才华横溢的诗僧，创作过众多诗词，例如金地藏、希坦、冷然、应物、咬然、齐已、清宿等，其中僧希坦编有《九华诗集》。

近代以来，人们将九华山诗作整理成集，收录在《九华山诗选》《古今诗家咏九华》《九华山历代名贤诗文笔注》、民国比丘德森著《九华山志》中，包含了唐代、宋代、元代、明代、清代的众多诗词。

根据文献资料整理九华山相关诗集列表见表1-4。

表1-4　九华山诗集统计表

序号	名称	年代	卷数	作者	出版社	备注
1	九华诗集		一卷	释希坦		已佚，今有少数诗篇散存于旧志及《九华纪胜》中
2	九华诗		（百篇）	程九万		已佚
3	九华山诗篇	明正德十三年（1518年）	二卷	包广		已佚
4	九华山诗集		二卷	柯乔、施宗道、江可立		已佚
5	九华诗册	明	55首	王阳明		收入《王阳明全集》
6	壶中九华集		一卷	吴襄		今佚
7	天柱诗草			陈其名		今佚
8	塔影集			释禅渡		今佚
9	南岩诗草			释观身		今佚
10	一峰诗草			鲍震天		已佚
11	三溪诗草			鲍震天		已佚
12	十峰诗草			陈篱万		已佚
13	辛酉八月诗	明天启元年（1621年）		施达		已佚
14	双峰诗		一卷	吴冲		今佚
15	甘泉集			湛若水		
16	九华诗集	民国（1912～1949年）		陈岩撰	宜秋馆	
17	九华诗集	清光绪十二年（1886年）；元人方时发刻诗集并作序	四卷附图六幅	陈岩撰	皖潜刘奎文堂	
18	九华诗集	宋		陈岩撰	台北：台湾商务印书馆，（1986年）	
19	九华集，附录	宋		员兴宗撰	台北：台湾商务印书馆，（1986年）	
20	甘泉集			湛若水		
21	九华山水诗书画集	1994年12月		饶永	安徽美术出版社	
22	九华山诗选	1985年9月出版		吴汉卿、王裕典选注	黄山书社	
23	九华山历代名贤诗文笔注	2006年12月出版		吴尔端著		

资料来源：作者根据相关资料文献整理绘制。

5. 碑刻

石碑常立于寺院主殿两侧的显著位置，一般是用来镌刻记载与寺院有关的历史，如建造、修葺寺院的信息，寺院发生的重大事件，皇帝或高僧等著名人物亲自撰写的文章等。简单的石碑只有碑身，等级高、体积大、结构复杂的石碑一般由碑座、碑身、碑首三部分组成（表1-5）。

表1-5　九华山碑刻统计表

序号	碑名	长（厘米）	宽（厘米）	字体	镌作年代	乐助撰书募立人	坐落地
1	谕祭碑	139	72	楷	明天顺元年（1457年）	礼部员外郎八通立	存化城寺
2	重建无相寺记	156	72.5	楷	明成化十五年（1479年）十二月	无相寺东西两庑干缘僧徒智镕、智槛、智瑜	无相寺
3	重建九华行祠石壁庙碑记	150	86	楷	明万历元年（1573年）九月	十七世祖吴应之，赵木书	九华乡吴氏宗祠
4	莲花峰石刻			楷	明天启丁卯（1627年）秋月	户部主事杨仲题	莲花峰观音庵
5	续修地藏圣碑记	193	88	楷	明万历四十二年（1614年）仲秋	刘光复撰	十王殿
6	肉身大殿石梯碑	108	69	楷	清乾隆十四年（1749年）	蓉城居士刘贯生记，僧印月书	灵官殿
7	重修青阳县五溪桥亭记碑记			楷	清乾隆四十二年（1777年）八月	白高哲撰文	五溪观音殿
8	祭田碑记	144	72	楷	清乾隆五十年（1785年）春月	后裔公募华西孙秀文镌	化城寺
9	吴姓捐助银两碑	184	83	楷	清嘉庆五年（1800年）	合姓敬勒	化城寺
10	万年禅林历代源流碑记序	174	86	楷	清道光十九年（1839年）仲冬月	八世孙海楞立	百岁宫
11	程公乐输田产碑	50	50	楷	清道光二十二年（1842年）十月	福庆公（拱金、环翠、宝积、长生、佛陀、天池、永庆、大厦、龙庵同立）	嵌化城寺藏经楼内墙
12	重建大悲楼记	138	70	楷	清同治九年（1870年）		存化城寺
13	重建化城寺记	共九块遗一块　每块38.4	每块38.4	楷	清光绪己卯年（1879年）	刘含芳等立	存化城寺
14	重建万年禅林记叙	190	86	楷	清光绪七年（1881年）季夏月	了尘秀宝身撰并立	百岁宫
15	重建祇园碑志	192	87	楷	清光绪八年（1882年）八月	住持大根率众徒立	
16	募化重建转轮殿	142	61	楷	清光绪十二年（1886年）孟冬	地藏会含山各地立	十王殿
17	重建韦陀碑记	137	68	楷	清光绪十八年（1892年）	僧堂缘立	祇园寺
18	甘露寺田契碑	155	76	楷	清光绪二十一年（1895年）清和月	住持僧大航立	甘露寺
19	香灯碑记	104	94	楷	清光绪二十一年（1895年）	合山公募	化城寺

序号	碑名	长（厘米）	宽（厘米）	字体	镌作年代	乐助撰书募立人	坐落地
20	程公乐输田产碑	197	88	楷	清光绪二十二年（1896年）十月	拱金、环翠、宝积、长生、佛陀、天池、永庆、大厦、龙庵同立	化城寺
21	地藏龙印碑记	144	72	楷	清光绪二十三年（1897年）七月	浙江山阴胡彬识	化城寺
22	开建翠峰华严道场碑志	135	68	楷	清光绪二十八年（1902年）	洪瑞供，禹珍甫、汪文鼎书	翠峰寺
23	甘露寺山田契碑记	155	76	楷	清光绪三十年（1904年）冬月	住持僧大航立	甘露寺
24	罗氏捐助碑记	87	77	楷	清代	合姓敬勒	化城寺
25	崇万罗氏捐助记	86	76	楷	清代	本县八都上闻罗姓立	嵌化城寺藏经楼内墙
26	罗氏碑记	112	52	楷	清代	—	嵌化城寺藏经楼内墙
27	重修肉峰塔座神台序	197	95	楷	清宣统三年（1911年）夏月	化城寺东西两庑僧众立	肉身殿
28	重建哼哈宝殿碑记	138	68	楷	民国3年（1914年）巧月	僧海量募僧宽盛立	祇园寺
29	重建九华石梯记	140	70	楷	民国3年（1914年）	润之书，妇男世谨晶立古越郦	肉身殿
30	重修九华山肉身殿碑记	223	84	楷	民国乙卯年（1915年）七月	王铎夫妇男立郦润之书僧镇安、僧开经募	肉身殿
31	郎溪文契碑记	137	70	楷	民国14年（1925年）	僧宽杨、经勒同立	祇园寺
32	心坚大师碑记"正法永昌"	127	65	楷	1952年6月11日	建实率徒本海、本双，孙了尘、静尘立	在法华寺心坚墓前

资料来源：2013年版《九华山志》。

6. 善本

九华山保存着一些珍贵的善本，例如明代《藏经》、《贝叶经》、《血经》、清代《藏经》等。

明代《藏经》有两部。其中一部是1586年明慈圣宣文明肃皇太后颁赐的，清代毁于火灾；另一部是1599年明神宗颁赐的，颁赐藏经的圣旨保存完好。

以上两部《藏经》在传承过程中均有残损。1979年改革开放后，九华山佛教协会组织人力，将两部《藏经》进行拣选合成一部完整的大《藏经》，为国家一级文物。

《贝叶经》

梵文。《贝叶经》是印度佛教弟子在佛祖寂灭后把佛祖释迦牟尼所说的教义烙在贝多罗（梵文Patrai的音译）树叶上，正反均有经文，后人称之为《贝叶经》。此经大约于东汉时期由印度僧人传入我国，一直藏于西安大雁塔。九华山所藏贝叶来源于此，清末由高僧兼书画家竹禅大师携两札来九华山供奉于此。

《血经》

明代高僧海玉曾在摘星庵用二十八年的时间，用血调研银珠写成《大方广佛华严经》一部，所以也被称作《血经》。海玉圆寂后，肉身被供奉在百岁庵内，明崇祯三年将其奉为"应身菩萨"。随后《血经》被高度重视，历经多年，仍保存完好，今藏于九华山历史博物馆。

清代《藏经》

清代《藏经》有三部，分别是光绪五年僧释宝身请回的《藏经》，今藏于百岁宫；光绪二十四年僧大航请回的《藏经》，今藏于祇园寺；1916年黎元洪赠百岁宫清《藏经》一部，今藏于百岁宫。每部《藏经》共718函7168卷。

7. 其他著作、资料（表1-6、表1-7）

表1-6　九华山其他著作统计

序号	书名	年代	卷数	作者	出版社	备注
1	九华杂编	唐	十五卷	康骈		见《安徽文献书目》1961年版；《安徽通志》光绪四年（1878年版）
2	九华山旧录		一卷	释法琳		见杨毓芬《释氏外学著录考》。载《缴妙声》月刊二期65页，1936年11月版；《宋史·艺文志》卷三称为佚名氏撰，早佚
3	九华山录		一卷	佚名氏撰		见《太平御览》48卷220页
4	九华山记	唐	二卷	释应物		见《宋史，艺文志》卷三；陈蔚《九华纪胜》卷
5	九华山录	宋		周必大		该集收入周必大著《泛舟山浙录》（三卷）
6	九华总录	南宋绍定年间（1228—1233年）	十八卷	程九万		
7	九华拾遗	宋至和二年（1055年）	一卷	刘放		已佚
8	九华总录	宋	四卷	沈立		已佚（陈蔚《九华考异》称《总录》即《九华拾遗》）
9	九华新录	宋	十卷附九华图	滕宗谅		已佚
10	九华外史	元	四卷	杨少愚		已佚
11	天台游草		一卷	吴光裕		已佚
12	申椒园草			吴光裕		已佚
13	九华逸史	明崇祯年间（1628—1644年）	三卷	李之世		已佚
14	箭泉集			陈捷		已佚
15	九华散录		三十卷	刘廷銮		已佚
16	九华目游集		一卷	钱之选		已佚
17	九华游草		一卷	毛师彬		已佚

序号	书名	年代	卷数	作者	出版社	备注
18	九华考异	清乾隆二十一年（1756年）	二卷	陈蔚		袭沈立《九华总录》之名，增辑而成，已佚
19	九华物产记	清乾隆四十年（1775年）		陈芳		已佚
20	九华指南	1925年		姜孝维		
21	九华指（掌）（手抄本）	1946年		释义方		
22	九华山简史			张轼		载1980年《安徽旅游知识》
23	漫话九华山			孙运伦		载1987年《江淮风物》（《安徽文史集萃丛书》）
24	九华山	1980年11月		项有彬	中国旅游出版社	
25	东南第一山——九华山	1982年		孙毓飞、蒋木青、陈仁钧	地质出版社	
26	中国九华山	1984年7月		安徽省旅游局	安徽人民出版社	
27	九华胜境	1984年		伯奇	安徽人民出版社	
28	九华山的传说	1985年12月		施玉清	中国民间文学出版社	
29	九华山	1987年4月		王有路	天津人民出版社	
30	九华山佛教文化研究	2005年6月		叶可信	黄山书社	
31	九华山佛教史	2016年10月		张高	宗教文化出版社	

资料来源：作者根据相关资料文献整理绘制

表1-7 九华山图像资料汇总表

类型	来源	时间
古山图、舆图	王一槐《九华山志》	明嘉靖年间（1522—1566年）
	蔡立身《九华山志》	明万历二十一年（1593年）
	陈蔚《九华纪胜》	清道光元年（1821年）
	周赟《九华山志》	清光绪二十六年（1900年）
	姜孝维《九华指南》	1926年
	比丘德森《九华山志》	民国27年（1938年）
	沈培新《九华山大辞典》	2001年
	谢澍田《九华山志》	1990年
	李思恭《池州府志》	明万历四十年（壬子1612年）
	何绍正《池州府志》	明正德十三年（戊寅1518年）
	蔡立身《青阳县志》	明万历二十二年（甲午1594年）
	周赟《青阳县志》	清光绪十七年（1891年）

类型	来源	时间
	姜孝维《九华指南》	1926年
老照片	白雪. 乡土语境中的建筑创作——九华山风景区建筑设计研究	2002年
	袁牧. 中国当代汉地佛教建筑研究	2008年
DEM数据	中科院地理空间数据	
规划图	阮仪三. 九华山风景区规划	1989年
	安徽省城乡规划设计研究院, 九华山风景名胜区管委会. 九华山风景名胜区总体规划	2006年

资料来源：作者整理相关资料自绘

  佛教和道教是中国封建社会的主流宗教信仰。受山岳崇拜思想的影响，寺庙和道观很多建在深山之中，历经千年的发展，逐步形成名山格局，并成为重要的宗教道场。道教构建了"道—山岳—洞天—修真得道成仙"的修真模式。佛教传入汉地后受释迦牟尼弃俗归隐山林的苦行方式及本土道教宫观选址观念的影响，开始兴起在山林中建造寺庙的热潮。佛教与道教文化使山林寺庙和道观富有社会性和文化凝聚力，同时宗教理想也通过寺庙建筑和园林得到了具象的表达和承载。许多名山在早期呈现佛道共生的现象，后来由于统治阶级和社会的影响和干预，导致了佛道之争，最终出现以某一种宗教或教派为主的名山，从而衍生出佛教名山和道教名山。在《中国宗教名胜》一书中收录了国内现存的3000多处主要的宗教名胜古迹，其中就包含212座佛教名山及101座道教名山。其中最具代表性的莫过于佛教的四大名山和道教的"福地洞天"。

  汉传佛教在发展的过程中逐步形成了以文殊、观音、普贤、地藏为主体的"四大菩萨"信仰体系，是中国佛教的主流——大乘佛教的重要组成。在佛教名山不断发展的过程中，僧众将"四大菩萨"道场与其相关联，形成了五台山文殊菩萨道场、普陀山观音菩萨道场、峨眉山普贤菩萨道场、九华山地藏菩萨道场四大佛教名山体系。

  九华山宗教包括道教和佛教。

  关于道教的典籍文献相对较少。早期典籍记录以神仙传说为主，如《列仙传》中记载了窦伯玉修道成仙的传说，据《福地考》记载，九华山为三十九福地。在历代山志中有九华山道教宫观修建的记载，如清光绪年间修的《九华山志》中记载了道教从汉代起，在九华山的传播以及宫观的修建。现代文献中九华山道教研究较少，陈卫权根据文献典籍的记载，梳理了九华山道教的起源、发展、衰败的过程，以及道教兴衰的政治原因。李桂红阐述了九华山道教文化现象。

  九华山佛教从唐代初传，经过多个朝代的变迁发展，清代康熙年间，成为四大佛教名山之一。

  九华山佛教的研究文献及著作相对于五台山、普陀山、峨眉山的佛教研究文献都比较少。其中，五台山佛教兴起时间最早，有刊物《五台山研究》对其进行深入全面的研究；峨眉山佛教兴起较早，四川大学和四川省社科院对峨眉山佛教研究较多，广受学术界关注；普陀山的观音菩萨信仰在民间传播广泛，有《普陀山佛教》对其进行专项研究。而九华山佛教至目前研究不够充分和深入，有待进一步研究。

九华山佛教在明清时期发展最快。地藏信仰减少了民众的苦难，蕴含了中国的人文精神。因此，九华山佛教最能代表明清中国佛教世俗化的特点。

1. 对地藏信仰的研究

目前学界对地藏信仰的研究，可分为以下几类：

第一，综述性研究。聂世全对地藏信仰的本源、特点进行了阐述，并概括了中国地藏信仰的发展史。

第二，释地藏的研究。目前学术界对释地藏的研究侧重其生平经历、九华垂迹和地藏道场的形成。

第三，地藏信仰与民俗节日的关系。有关十斋日和地藏忏仪的研究充分阐述了地藏信仰与民俗节日的关系。

第四，地藏图像研究。目前学术界对地藏图像的研究相当丰富。日本学者最早进行地藏图像研究：松本荣一是早期地藏图像研究的学者，重点研究了敦煌出土的中晚唐至北宋时期的被帽地藏像、地藏十王像等。河源由雄对敦煌地藏图像做了全面系统的研究，将中国地藏信仰分为修行僧的地藏、救济六道的地藏、在死后世界实行救济的地藏三个时期。在更多石窟被发掘后，中国学者也开始了地藏图像研究。

一些日本学者对地藏信仰经典也有研究：如松本文三郎《地藏三经》、真锅广济《地藏经典相关诸问题》、渡边隆生《地藏研究之经典》、川崎《地藏菩萨经》等。

2. 对九华山佛教的研究

九华山佛教的起源可追溯到东晋。据旧志记载，东晋隆安五年（401年），杯渡到九华山创建茅庵。南朝梁武帝天监二年（503年），僧人伏虎在九华山建立伏虎庵佛教道场。唐代九华山佛教进入兴盛期，《神僧传》中记载了新罗高僧金乔觉开创九华山佛教圣地的典故。明清时期九华山成为四大佛教名山之一。相关研究包括以下几类：

第一，九华山佛教研究。这一类研究重点在对九华山佛教的文化特色进行论述。何庆善对九华山佛教兴起时间、名僧、圣迹、历史进行了系统考察论证。

第二，关于僧人的研究。

3. 佛教经典、史传

本书所用到的佛教经典，主要是关于地藏信仰的经典，如《占察善恶业报经》《大乘大集地藏十轮经》《地藏菩萨仪轨》《地藏菩萨本愿经》《百千颂大集经地藏菩萨请问法身赞》《佛说地藏菩萨陀罗尼经》《地藏菩萨十斋日》《佛说地藏菩萨经》《地藏菩萨慈悲救苦荐福利生道场仪》等。此外，对文殊菩萨、普贤菩萨、观音菩萨、弥勒菩萨的相关佛教经典、佛教史传也有所参考。

许多史料阐述了九华山佛教发展的历史背景，如《旧唐书》《新唐书》《宋史》《元史》《明史》《清史稿》及"明实录""清实录"等。除此之外，九华山相关的名人文集如王守仁《王文成公全书》、智旭《蕅益大师全集》等也是本书重要的文献参考资料。

参考文献

[1] （南朝梁）顾野王撰. 舆地志[M]. 上海：上海古籍出版社. 2011.

[2] （唐）. 李白.《改九子山为九华山联句并序》.

[3] （清）. 谢维喈重修，周赟纂修《九华山志》. 明. 陈凤梧.《九华山志·序》[M]. 1900.

[4] 九华山风景区地方志编纂委员会. 九华山志[M]. 合肥：黄山书社. 2013.

[5] （宋）李昉. 太平御览卷四十六[M]. 北京：中华书局. 2011.

[6] 项有彬. 九华山[M]. 北京：中国旅游出版社. 1980.

[7] 杨晓丽. 九华山[M]. 长春：吉林文史出版社. 2010.

[8] 刘振礼. 中国旅游地理[M]. 天津：南开大学出版社，1994.

[9] 马艳利. 皖南旅游区旅游文献分析[J]. 太原城市职

业技术学院学报，2013，（11）：25-26.

[10] 卢村禾. 关于建设皖南旅游区的几个问题[J]. 地理学与国土研究，，1986（02）：39-44.

[11] 陆林. 皖南旅游区布局研究[J]. 地理科学，1995（01）：88-95+100.

[12] 吴跃东. 论建立大黄山旅游圈的总体发展规划[A]. 江苏省地质学会. 地球科学与社会可持续发展——2005年华东六省一市地学科技论坛论文集[C]. 江苏省地质学会，2005：5.

[13] 王星明，罗刚. 徽州古村落[M]沈阳：辽宁人民出版社，2000.

[14] 张小平. 徽州古祠堂[M]. 沈阳：辽宁人民出版社，2000.

[15] 白雪. 乡土语境中的建筑创作——九华山风景区建筑设计研究[D]. 清华大学，2002.

[16] [明]王一槐. 九华山志. 据明嘉靖七年（1528年）刊本拍摄，北京：国家图书馆缩微文献复制中心. 1992.

[17] [清]周赟. 九华山志. 光绪二十七年（1901年）刻本.

[18] [民国]释印光. 九华山志. 载《中国佛寺史志汇刊》第2辑第29册，台北：明文书局. 1980.

[19] 九华山志编筑委员会编. 九华山志. 合肥：黄山书社. 1990.

[20] 沈培新. 九华山大辞典. 合肥：黄山书社. 2001.

[21] 陈迟. 明清四大佛教名山的形成及寺院历史变迁[D]. 清华大学，2014.

[22] 张邦启. 九华山寺庙古建筑群建筑特色[J]. 池州学院学报，2009，23（01）：53-54.

[23] 焦得水. 漫步秋浦·九华山卷. 北京：经济日报出版社. 2010.

[24] 陈延嘉. 评王立群《中国古代山水游记研究》[J]. 长春师范学院学报，2000，01：70-74.

[25] 郑国铨. 论开拓"中国山水文化"的研究[J]. 求是学刊，1995，03：65-71.

[26] 唐萌. 中国古代九华山诗研究[D]. 安徽大学，2013.

[27] 吴尔端. 九华山历代名贤诗文笺注[M]，长春：时代文艺出版社，2006.

[28] 比丘德森. 九华山志，南京：江苏广陵古籍刻印社，1996.

[29] 九华山风景区地方志编纂委员会. 九华山志[M]. 黄山书社2013. p145.

[30] 周维权. "名山风景区"再议[J]. 中国园林，1985，（03）：3-7.

[31] 李铁华. 山岳崇拜与道教修真关系略论[J]. 宗教学研究，2010，02：173-176.

[32] 何平立. 略论佛教文化与山岳名胜[J]. 上海大学学报（社会科学版），1996，04：65-70.

[33] 陈广万. 中国名山的由来和广东风景名胜区的发展[J]. 广东园林，1993，（03）：22-27+21.

[34] 任宝根，杨光文. 中国宗教名胜[M]. 成都：四川人民出版社，1989.

[35] 李利安等. 四大菩萨与民间信仰[M]. 上海：上海人民出版社，2011. 3

[36] （汉）刘向. 列仙传.

[37] （清）陈蔚. 九华纪胜. 卷二. 福地考. 1821.

[38] 谢维喈.《九华山志》.

[39] 陈卫权. 九华山道教兴衰考[J]. 安庆师范学院学报（社会科学版），2003，（03）：54-55+87.

[40] 李桂红. 佛教四大名山中的道教文化现象[J]. 天津市社会主义学院学报，2006，（01）：46-48.

[41] （清）陈蔚. 九华纪胜. 四库未收书辑刊[M]. 第1辑第28册. 北京：北京出版社. 2000.

[42] 张妙. 唐宋峨眉山研究[D]. 四川大学，2007.

[43] 韩坤. 峨眉山与普贤道场研究[D]. 四川省社会科学院，2007.

[44] 魏如松. 峨眉山禅宗传播考[D]. 四川省社会科学院，2007.

[45] 颜冲. 明代峨眉山佛教述论[D]. 四川省社会科学院，2007.

[46] 王雪梅. "历代祖师与峨眉山佛教"学术研讨会综述[J]. 世界宗教研究，2011，（03）：190-192.

[47] 颜冲. 试论明代峨眉山佛教发展特点[J]. 宗教学研究，2010，（01）：181-183.

[48] 聂士全. 地藏信仰与金地藏研究述评[J]. 法音，1996，（07）：21-28.

[49] [日]松本荣一. 敦煌の研究[M]. 东京：东方文化学院东京研究所. 1937年.

[50] 日河源由雄. 敦煌画地藏图资料[J]. 佛教艺术. 第97号. 1974.

[51] 李利安、张子开、张总、李海波. 四大菩萨与民间信仰[M]. 上海：上海人民出版社. 2011：438.

[52] （明）王崇. 池州府志[M]. 据嘉靖刊本影印. 天一阁藏明代方志选刊. 上海：上海古籍书店. 1962.

[53] （明）王一槐. 九华山志[M]. 据明嘉靖七年（1528年）刊本拍摄，北京：国家图书馆缩微文献复制中心. 1992.

[54] （明）朱棣. 神僧传[M]. 明永乐十五年（1417年）内府刻本.

[55] 何庆善. 九华山佛教考[J]. 江淮论坛，1981，（03）：113-118.

[56] （唐）释玄奘译. 大乘大集地藏十轮经. 中华大藏经（汉文部分）[M]. 第11册，北京：中华书局. 1986

[57] （唐）实叉难陀译. 地藏菩萨本愿经. 中华大藏经（汉文部分）. 第52册，北京：中华书局. 1991.

[58] （唐）不空译. 百千颂大集经地藏菩萨请问法身赞. 大正新修大藏经. 第13册，台北：佛陀教育基金会出版社. 1990.

[59] 佚名译. 佛说地藏菩萨陀罗尼经. 大正新修大藏经. 第20册，台北：佛陀教育基金会出版社. 1990.

[60] 佚名译. 地藏菩萨十斋日. 大正新修大藏经. 第20册，台北：佛陀教育基金会出版社. 1990.

[61] 佚名译. 佛说地藏菩萨经. 大正新修大藏经. 第20册. 台北：佛陀教育基金会出版社. 1990.

[62] （后晋）刘昫. 旧唐书[M]. 北京：中华书局. 1975.

[63] （北宋）欧阳修，宋祁. 新唐书[M]. 北京：中华书局. 1975.

[64] （元）脱脱. 宋史[M]. 北京：中华书局. 1985.

[65] （明）宋濂. 元史[M]. 北京：中华书局. 1976.

[66] （明）张廷玉. 明史[M]. 北京：中华书局. 2015.

[67] （民国）赵尔巽. 清史稿[M]. 北京：中华书局. 1977.

[68] （明）王守仁. 王文成公全书[M]. 北京：中华书局. 2015.

[69] （明）智旭. 蕅益大师全集[M]. 成都：巴蜀书社. 2014.

第 二 章

九华山自然资源与风景特征

九华山的自然环境包括地质地貌、水文、气候、动植物等要素，是人文景观形成的物质基础和背景。九华山隶属于皖南地区的三大山体系，是特定地质历史时期由于内外应力造化形成的地形地貌。独特的地理环境影响了九华山的自然环境与整体风貌，形成了九华山具有鲜明地域特征的气候、水文、土壤、植被条件。

第一节 自然资源概况

一、区位范围

九华山位于安徽省南部，池州市青阳县，地理坐标为北纬30°24′～30°40′，东经117°43′～117°80′。西隔长江望天柱山，东临太平湖，南依黄山。历史上九华山境南北长约40公里，东西宽约30公里。现在九华山的范围东起九子岩山麓，西至九子岭西侧大冈山麓，北起莲花峰麓，南至南阳湾，面积约120平方公里。

二、地质

中国大陆的大部分属于亚欧板块，青藏高原南部的喜马拉雅褶皱区和冈底斯褶皱系属印度板块；中国台湾东海岸台东山脉属菲律宾板块。这种构造格局是在印度板块、太平洋板块、亚欧板块运动的相互作用下形成的。基于岩浆活动、构造运动、沉积建造等时空发育特征，中国大陆分为地台区、陆间增生褶皱区、陆缘增生褶皱区三个地质构造区。

九华山在大地构造上位于扬子准地台的下扬子台坳中部，其南北有两条断裂通过，南部为江南深断裂，北部为高坦一周王深断裂。区内褶皱和断裂构造十分发育，岩浆活动频繁。其主要部分是燕山晚期花岗岩所形成的强烈断隆带，而外围部分是由早古生代沉积岩以及燕山早期花岗岩闪长岩组合而成的褶皱断块轻度隆起带。

1. 地质演变

九华山属于多旋回构造运动地区。从早古生代寒武纪到志留纪，九华山一直处于稳定的滨海或浅海环境。志留纪晚期，加里东运动使海水退去，九华山一带首次长期露出水面成为陆地。3500万年后，陆地下降，海水蔓延。三叠纪末期，印支运动导致九华山地区发生强烈的褶皱运动，最终形成陆地。中生代中晚期燕山运动导致九华山断块运动加剧，岩浆活动频繁，燕山早期的青阳花岗闪长岩岩体和燕山晚期的九华山钾长花岗岩岩体先后入侵，为九华山的形成打下基础。新生代中晚期随着喜马拉雅山运动，中国东部地区强烈抬升，九华山数次隆起，覆盖在九华山花岗岩体上的沉积层被剥蚀，九华山雏形初步形成。新生代晚期至今，九华山的新构造运动非常活跃，九华山再次急剧隆起，促使外沿花岗岩断裂、节理等薄弱环节对山体的切割加速，形成了九华山险峰峭拔、怪石嶙峋、幽谷深邃的地貌特征。

2．地质构造

九华山岩体受断层及节理的影响，有利于风化剥蚀等外力作用的进行，岩体被分解，形成山峰、断崖、瀑布、深涧。其周边地区的地貌发育受到断裂影响和褶皱构造的共同控制，形成褶曲构造地貌。

九华山地褶皱构造主要包括印支期褶皱的七都复背斜和贵池背向斜带。青阳九华岩体的主动侵位，使围岩产生弯滑叠加褶皱，使其褶皱构造具有复杂的多期叠加特征。

三、地形地貌

我国的地貌特征是由三个地貌阶梯格局以及不同走向的大型山脉共同组成，这些特征使得我国具有复杂多变的地貌，不同地区的表现各异。将不同区域的地貌差异进行对比，可以把整个中国地貌分为六个地貌大区。其中，受内应力影响的巨型地貌单元构成了地貌大区中的主体。除了地貌阶梯表面的明显差异，二、三级地貌阶梯的内部也存在着很大的不同，可根据阶梯的具体形态、海拔以及高低起伏等加以区分。第一级地貌阶梯为青藏高原大区；第二级地貌阶梯包括南部的西南亚高山中山大区，北部以贺兰山为界，西部为西北高中山盆地大区，东部为中北中山高原大区；第三级地貌阶梯包括东南低中山大区，北部是东部低山平原大区（表2-1）。

表2-1　中国地貌分区表

地貌大区	地貌区	代码	地貌大区	地貌区	代码
Ⅰ．东部低山平原	A.完达山三江平原	ⅠA	Ⅳ．西北高中山盆地	A.新甘蒙丘陵平原	ⅣA
	B.长白山中低山地	ⅠB		B.阿尔泰亚高山	ⅣB
	C.鲁东低山丘陵	ⅠC		C.准噶尔盆地	ⅣC
	D.小兴安岭中低山	ⅠD		D.天山高山盆地	ⅣD
	E.松辽平原	ⅠE		E.塔里木盆地	ⅣE
	F.燕山—辽西中低山地	ⅠF	Ⅴ．西南亚高山中山	A.秦岭大巴亚高山	ⅤA
	G.华北华东平原	ⅠG		B.鄂黔滇中山	ⅤB
	H.宁镇平原丘陵	ⅠH		C.四川盆地	ⅤC
Ⅱ．东南低中山	A.浙闽低中山	ⅡA		D.川西南、滇中亚高山盆地	ⅤD
	B.淮阳低山	ⅡB		E.滇西南亚高山	ⅤE
	C.长江中游低山平原	Ⅵ	Ⅵ．青藏高原	A.阿尔金山祁连山高山	ⅥA
	D.华南低山平原	ⅡD		B.柴达木—黄湟亚高盆地	ⅥB
	E.台湾平原山地	ⅡE		C.昆仑山极高山高山	ⅥC
Ⅲ．中北中山高原	A.大兴安岭低山中山	ⅢA		D.横断山高山峡谷	ⅥD
	B.山西中山盆地	ⅢB		E.江河上游高山谷地	ⅥE
	C.内蒙古高原	ⅢC		F.江河源丘状山原	ⅥF
	D.鄂尔多斯高原与河套平原	ⅢD		G.羌塘高原湖盆	ⅥG
	E.黄土高原	ⅢE		H.喜马拉雅山高山极高山	ⅥH
				I.喀喇昆仑山极高山	Ⅶ

资料来源：引自《中国地貌区划新论》.

九华山在地貌上属于中国地形单元的第三阶梯，地貌大区属于东南低中山，北侧紧邻宁镇平原丘陵，南侧是浙闽低中山。九华山地形起伏较大，切割较深，海拔在50～1344米，总体南北向。九华山山体由中高山（海拔＞1000米）、低山（海拔500～1000米）、丘陵（海拔＜500米）和山间盆地组成（图2-1）。

中高山主要位于九华山体腹地，主要由花岗岩组成，这里的山峰形态奇特陡峭，怪石嶙峋。在山体上升幅度较大的基础上，以花岗岩为主的山石在受到风力侵蚀、冰雪冻融的共同影响下，造就了节理组别多变，沿节理风化剥蚀形成的怪石。

低山分布于九华山的东部、北部、西南部，由花岗岩、花岗闪长岩及沉积岩组成。花岗岩低山较中高山体量小，怪石较少；花岗闪长岩低山易风化，垂直节理不发育，多形成岭岗状地形；沉积岩低山由砂岩、页岩、灰岩组成，形成绵延的低山，在灰岩低山区有喀斯特洞

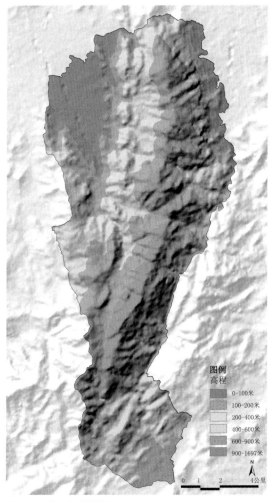

图例
高程

- 0-100 米
- 100-200 米
- 200-400 米
- 400-600 米
- 600-900 米
- 900-1697 米

0 1 2 4公里

图2-1　九华山高程模型图
（图片来源：根据中科院地理空间数据云网站 GDEMDEM 30M 分辨率数字高程数据自绘）

穴发育。

丘陵主要分布于九华山体的南部和西北部，起伏度较小，风化土层厚度数米，地表流水将丘陵地带切割得较破碎。

河流的源头常会出现山间盆地。一般规模较小，海拔在800米以下。由于其得天独厚的地貌及小气候条件，且通常有充足水源及适宜耕作的土地，山间盆地常成为居民聚落、寺庙、农田集中分布的地区，例如九华街盆地、下闵园盆地、转身洞盆地等。

九华山山体的坡度分布在0°~73.14°。盆地和山谷的坡度大多集中在0°~5°，适宜建设寺庙和聚落；山麓地带坡度大多集中在5°~20°，坡度较缓，具备良好的排水条件；坡度大于40°的山体主要分布在山顶附近（图2-2）。

九华山分水岭以西的山体坡向主要是西、西北、西南方向，分水岭以东的山体坡向以东、东南为主（图2-3）。

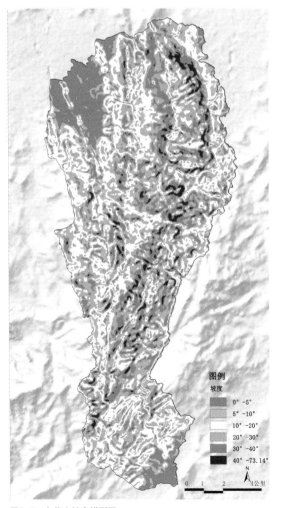

图2-2 九华山坡度模型图
（图片来源：根据中科院地理空间数据云网站 GDEMDEM 30M 分辨率数字高程数据自绘）

图2-3 九华山坡向模型图
（图片来源：根据中科院地理空间数据云网站 GDEMDEM 30M 分辨率数字高程数据自绘）

四、气候

九华山地处中国东部季风区，属北亚热带湿润季风气候。受海拔和地形的影响，昼夜温差较大，夏季常见多变的小气候。九华山四季分明，冬长夏短，秋早春迟，降水较多。从山脚到山顶年平均气温逐渐降低，冬季大部分地区平均气温0℃，冰冻时间长。据1956—2008年降水统计，年平均降水量2094.3毫米，日降水量大于等于5毫米的年平均降水日数86天，日降水量大于等于10毫米的年平均降水日数59天，历史24小时最大降水量264.9毫米（2007年7月10日），年最大降水量3158.8毫米（1999年），年最小降水量1278.6毫米（1978年）。九华山夏季降水量随海拔升高而增大，春、秋、冬季降水量随海拔升高而减小。相对湿度76%，其中11月至12月相对湿度最小，6月至9月相对湿度最大。全年日照1714.6小时，日照率为40%。九华山平均风速1.7米/秒。由于山坡长时间受阳光照射，出现空气辐合辐散，导致地方性山谷风的出现，风向与山谷走向一致，白天从山谷吹向山顶，夜晚从山顶吹向山谷，形成松涛竹海的景象。

五、水文

九华山水资源比较丰富，境内河流溪涧较多，属长江水系一、二级支流的中上游段，从山体中心向外流出。西侧有九华河，东侧有青通河，均属于长江一级支流；南侧有陵阳河和喇叭河，汇入太平湖，经青弋江流入长江。

九华山地下水属于基岩裂隙水，多以泉水的形式成为九华山溪涧的源头。浅层孔隙水主要分布于九华河、喇叭河、三溪河、青通河的河谷平原。山间盆地周围地带节理裂隙发育，有温泉以裙带形式出现，水温20℃左右（表2-2）。

表2-2　九华山水资源汇总表

类型	名称
溪	龙溪、缥溪、双溪、舒溪、澜溪、濂溪、曹溪、缟溪、黄石溪、东溪、华溪、兰溪、陵阳溪、九子溪、碧溪、芙蓉溪、小龙溪
涧	石墩涧、庵林涧、中天涧、石鸡涧、玩月涧、花潭涧、浮桃涧、东阳涧、龙游涧、菖蒲涧、垂云涧、石船涧、南阳涧
泉	地藏泉、龙女泉、美女泉、金沙泉、千尺泉、龙虎泉、甘泉、涌泉、闵公泉、龙王泉、太白泉、天池泉、芙蓉泉、定心泉、圣泉、白龟泉、天花泉、三角泉、碧玉泉、沙弥泉、舒姑泉、双泉、呱呱泉、六泉、虎跑泉、天泉、七步泉、温泉、巴字泉
池	放生池、美女池、天池、龙池、上下华池、白石池、白龙池、翠羽池、嘉鱼池、恶龙池
潭	弄珠潭、饮猿潭、上雪潭、下雪潭、璎珞潭、清漪潭、灌缨潭、伏龙潭、百丈潭、雪潭、鲇鱼潭
瀑布	龙池瀑布、碧桃瀑布、织锦瀑布、灌缨瀑、舒溪三瀑、七步泉瀑布、百丈前瀑布、百丈潭瀑布、白水瀑、百丈岩瀑布

资料来源：作者自制。

六、土壤

九华山系的土壤，成土母质为酸性结晶盐类风化物的残积物、坡积物、洪积物及少数冲积物。土壤厚度因地形地势而不同，海拔800米以下的土层大多厚60～70厘米，深度达1米以上，适宜种植农作物、茶林。

九华山土壤处在红壤的边缘地带，主要土壤类型为红壤向黄棕壤过渡的黄红壤亚类。九华山的地貌属于中高山地貌，山区的小气候与微地形影响地表自然能量和物质的分配。由于成土条件的变化，影响着土壤的形成和发展，土壤类型随海拔高度变化，形成土壤的垂直分布。九华山土壤分布自上而下依次为：山地草甸土—山地沼泽土—石质土—暗黄棕壤—黄红壤—观音土（局部）—水稻土。

七、植被

1. 植被概况

中国植被区划分为十三个区域：寒温带针叶林区，温带针叶—落叶阔叶混交林区，暖温带落叶阔叶林区，东部亚热带常绿阔叶林区，西部亚热带常绿阔叶林（旱性）区，东部热带季雨林、雨林区，西部热带季雨林、雨林区，温带草原区，暖温带草原区，高寒草甸和草原区，温带荒漠区，暖温带荒漠区，高寒荒漠区。

九华山处于中纬度亚热带地区，地带性植被为常绿阔叶林，即东部亚热带常绿阔叶林植被带—安徽南部中亚热带常绿阔叶林带—皖南山地丘陵植被区—黄山九华山植被片。

由于九华山土壤的母质都是花岗岩，虽对植被类型有所影响，但对植被分布差异起主导作用的是气候因素。九华山植被具有水平的地带性分布和明显的山地垂直分布带，中高海拔区域天然植被保留得相对完整，低海拔人工纯林痕迹明显。据1984—1985年不完全普查发现植物共1461种，除苔藓植物外，隶属175科，633属，蕨类植物103种，裸子植物19种，被子植物1215种。

植物带呈垂直分布，200米以下为次生林，小片马尾松林和灌木；200～800米为常绿落叶混交林，竹林、杉木林、竹杉混交林；800～1200米为落叶与常绿阔叶混交林；1200米以上为山地矮林及山地灌丛（图2-4）。

常绿阔叶林的主要植被包括青冈栎、甜槠等；常绿落叶阔叶混交林的主要植被包括青冈栎、化香、枫香等；落叶阔叶林主要植被包括枫香；常绿针叶林主要植被有杉木、黄山松等；针阔混交林主要植被包括杉木、毛竹等；灌丛的主要植被包括马银花、映山红、山胡椒等（表2-3、图2-5）。

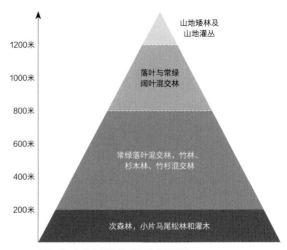

图2-4 九华山植物带垂直分布示意图
（图片来源：作者根据2013年版《九华山志》整理绘制）

表2-3 九华山主要植物群落

名称	类型	种类	植物
自然植被	森林	常绿阔叶林	青冈栎（Cyclobalanopsis glauca）
			甜槠（Castanopsis eyrei）
		常绿落叶阔叶混交林	青冈栎（Cyclobalanopsis glauca）
			化香（Platycarya strobilacea）
			枫香（Liquidambar formosana）
		落叶阔叶林	枫香（Liquidambar formosana）
		常绿针叶林	杉木（Cunninghamia lanceolata）
			黄山松（Pinus taiwanensis）
		针阔混交林	杉木（Cunninghamia lanceolata）
			毛竹（Phyllostachys heterocycla）
		竹林	毛竹（Phyllostachys heterocycla）
	灌丛	常绿灌丛	马银花（Rhododendron ovatum）
			柃木属（Eurya japonica）
		落叶灌丛	茅栗（Castanea seguinii Dode）
			栎类（Quercus acutissima）
			山胡椒（Lindera glauca）
			映山红（Rhododendron simsii）
			箬竹（Indocalamus tessellatus）
	禾草丛		芒草（Miscanthus）
			野牯草（Arundinella hirla）
	杂草丛		菊科（Asteraceae）
			百合科（Liliaceae）
人工植被	茶园		茶（Camellia sinensis）

资料来源：作者根据《九华山客运索道建设对植被的影响》整理。

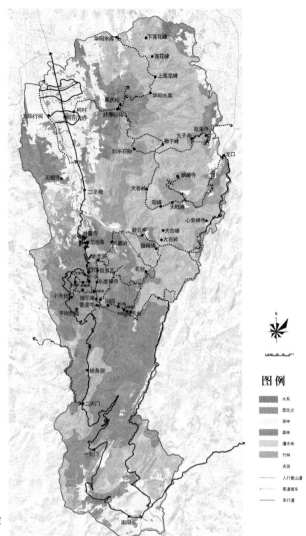

图2-5 九华山植被
分布图
（图片来源：作者自绘）

目前九华山大部分森林分布在中部和南部的山区，灌木林主要分布在莲花峰、狮子峰、天香岭 大古岭、转身洞、南阳乡区域。竹类对水分的要求比较特别，既要有充足的水分，又要排水良好，所以竹林大多分布在天香岭脚下、闵园盆地、天柱峰、双峰等区域。

2．古树名木

九华山古树名木众多，具有极高的科研价值和观赏价值、文化价值。这些古树名木中如银杏、金钱松、青钱柳和蓝果树等，都是第三纪子遗树种，具有非常宝贵的优秀基因；此外，细叶青冈古树群落十分罕见，其突出的研究价值显而易见。九华山的寺庙、村庄附近保存着大量的古树名木群落，根据区位的不同可以大致分为：甘露寺群落、祇园寺群落、太白书堂群落、月亮湾群落、琵琶形群落、肉身宝殿群落和闵园群落。其中，肉身宝殿周围的细叶青冈古树群落，是九华山的顶级群落（表2-4）。

古树名木的来源有两种：一种是被人保护而存留下来的天然生长的乡土树种；另一种是由人工引种栽培，保留至今。其中位于中闵园景区的凤凰松，高7.68米，胸径1米，造型奇特优美，极似凤凰展翅。相传这株凤凰松已有1400年树龄，为南北朝时期神僧杯渡所植。

表2-4 九华山首批400年以上古树名木保护名录

编号	中文名称	科名	属名	别名	海拔（米）	胸围（厘米）	树高（米）	树龄（年）	地点	备注
1	红叶青冈	壳斗科	青冈属	青栲	609	200	8	412	太白书堂	
2	青钱柳	胡桃科	青钱柳属	摇钱树	609	320	21.6	482	太白书堂	
3	红叶青冈	壳斗科	青冈属	青栲	609	190	16.5	402	太白书堂	
4	银杏	银杏科	银杏属	白果	593	270	19.4	1200	太白书堂	树桩有脱皮
5	银杏	银杏科	银杏属	白果	593	375	21.8	1200	太白书堂	
6	枫香	金缕梅科	枫香属		614	350	36.7	576	闵公殿、闵公坟	树"吃"碑
7	红叶青冈	壳斗科	青冈属	青栲	600	320	22	820	通慧寺	
8	三角枫	槭树科	槭树属	丫枫	600	260	9.4	930	通慧寺	断干
9	枫香	金缕梅科	枫香属		600	300	33.8	422	通慧寺	
10	细叶青冈	壳斗科	青冈属	青栲	615	235	8	560	通慧寺	
11	细叶青冈	壳斗科	青冈属	青栲	615	360	9.4	1080	通慧寺	空心
12	细叶青冈	壳斗科	青冈属	青栲	604	270	12	620	钟楼饭店	
13	黄檀	蝶形花科	黄檀属	不知春	604	150	16.8	466	钟楼饭店	
14	细叶青冈	壳斗科	青冈属	青栲	607	220	15.3	520	通慧庵上部	
15	银杏	银杏科	银杏属	白果	608	250	23.7	614	铁路山庄	
16	枫香	金缕梅科	枫香属		598	310	29.7	446	琵琶形	
17	浙江柿	柿树科	柿树属		598	220	19.3	662	琵琶形	空心
18	细叶青冈	壳斗科	青冈属	青栲	598	270		646	琵琶形	空心
19	细叶青冈	壳斗科	青冈属	青栲	598	310	19	770	琵琶形	有洞
20	细叶青冈	壳斗科	青冈属	青栲	606	230	10.3	540	化城寺后	
21	枫香	金缕梅科	枫香属		617	310	28.4	447	化城寺后	
22	细叶青冈	壳斗科	青冈属	青栲	617	310	11.1	766	化城寺后	有洞

编号	中文名称	科名	属名	别名	海拔（米）	胸围（厘米）	树高（米）	树龄（年）	地点	备注
23	浙江柿	柿树科	柿树属		617	320	8.9	880	化城寺后雕刻厂	只有半边
24	金钱松	松科	金钱松属	金松	635	270	21.3	481	广济茅蓬	
25	细叶青冈	壳斗科	青冈属	青栲	635	350	12.4	1053	广济茅蓬	有洞
26	细叶青冈	壳斗科	青冈属	青栲	635	300	29.3	798	广济茅蓬	有洞
27	细叶青冈	壳斗科	青冈属	青栲	635	205	27.2	462	广济茅蓬	有洞
28	细叶青冈	壳斗科	青冈属	青栲	635	235	27.8	566	广济茅蓬	有洞
29	黄檀	蝶形花科	黄檀属	不知春	635	170	15.5	487	广济茅蓬	
30	细叶青冈	壳斗科	青冈属	青栲	628	280	26.4	697	广济茅蓬	
31	白玉兰	木兰科	木兰属	望春花	622	250	18.5	596	广济茅蓬	只有半边
32	白玉兰	木兰科	木兰属	望春花	622	205	18.8	467	广济茅蓬	空心
33	细叶青冈	壳斗科	青冈属	青栲	622	240	15.1	521	广济茅蓬	
34	细叶青冈	壳斗科	青冈属	青栲	622	335	17.5	863	正天门	有洞
35	细叶青冈	壳斗科	青冈属	青栲	622	320	21.3	813	正天门	有洞
36	细叶青冈	壳斗科	青冈属	青栲	622	275	32.7	688	正天门	有洞
37	细叶青冈	壳斗科	青冈属	青栲	622	320	22.8	823	正天门	有洞
38	细叶青冈	壳斗科	青冈属	青栲	622	275	18.3	685	正天门	有洞
39	细叶青冈	壳斗科	青冈属	青栲	622	320	18.6	819	正天门	有洞
40	蓝果树	蓝果树科	蓝果树属	紫树	655	310	21.4	511	正天门	
41	蓝果树	蓝果树科	蓝果树属	紫树	655	320	25.7	517	正天门	
42	细叶青冈	壳斗科	青冈属	青栲	655	235	9.2	522	正天门	
43	细叶青冈	壳斗科	青冈属	青栲	655	330	15.4	864	肉身殿周围	
44	细叶青冈	壳斗科	青冈属	青栲	643	240	18.8	586	肉身殿周围	
45	细叶青冈	壳斗科	青冈属	青栲	643	270	22.9	683	肉身殿周围	
46	细叶青冈	壳斗科	青冈属	青栲	658	240	30.8	551	肉身殿周围	
47	杭州榆	榆科	榆属		658	300	22.8	467	肉身殿周围	
48	细叶青冈	壳斗科	青冈属	青栲	664	220	26.6	534	肉身殿周围	

编号	中文名称	科名	属名	别名	海拔（米）	胸围（厘米）	树高（米）	树龄（年）	地点	备注
49	细叶青冈	壳斗科	青冈属	青栲	664	190			肉身殿周围	
50	细叶青冈	壳斗科	青冈属	青栲	664	200	29.2	463	肉身殿周围	
51	细叶青冈	壳斗科	青冈属	青栲	664	215	29	486	肉身殿周围	
52	细叶青冈	壳斗科	青冈属	青栲	664	190	29.2	414	肉身殿周围	
53	细叶青冈	壳斗科	青冈属	青栲	664	280	36.3	696	肉身殿周围	
54	杭州榆	榆科	榆属		664	210		245	肉身殿周围	
55	细叶青冈	壳斗科	青冈属	青栲	651	280	38.2	691	肉身殿周围	
56	青钱柳	胡桃科	青钱柳属	摇钱树	658	350	30.3	508	肉身殿周围	
57	细叶青冈	壳斗科	青冈属	青栲	658	215	24.5	487	肉身殿周围	
58	细叶青冈	壳斗科	青冈属	青栲	665	190	16.8	407	肉身殿周围	
59	细叶青冈	壳斗科	青冈属	青栲	665	195	20.2	422	肉身殿周围	
60	细叶青冈	壳斗科	青冈属	青栲	709	210	33.4	453	肉身殿周围	
61	蓝果树	蓝果树科	蓝果树属	紫树	709	350	22.6	562	肉身殿周围	
62	白玉兰	木兰科	木兰属	望春花	680	220	15.3	508	肉身殿周围	
63	黄檀	蝶形花科	黄檀属	不知春	680	240	25.6	533	肉身殿周围	
64	细叶青冈	壳斗科	青冈属	青栲	964	315	12.3	804	肉身殿周围	
65	枫香	金缕梅科	枫香属		680	300	37.6	432	肉身殿周围	
66	青钱柳	胡桃科	青钱柳属	摇钱树	694	285	41.7	465	肉身殿周围	
67	细叶青冈	壳斗科	青冈属	青栲	694	260	27.6	623	肉身殿周围	
68	蓝果树	蓝果树科	蓝果树属	紫树	694	165	30	624	肉身殿周围	
69	细叶青冈	壳斗科	青冈属	青栲	694	210	25.4	474	肉身殿周围	
70	细叶青冈	壳斗科	青冈属	青栲	696	275	36.2	686	肉身殿周围	
71	枫香	金缕梅科	枫香属		696	250	30.2	356	肉身殿周围	
72	细叶青冈	壳斗科	青冈属	青栲	696	190	28.3	407	肉身殿周围	
73	三角枫	槭树科	槭树属	丫枫	627	185	23.6	461	凤凰松索道售票处	
74	凤凰松	松科	松属	黄山松	630	330	8.5	1400	凤凰松藏药房	

编号	中文名称	科名	属名	别名	海拔（米）	胸围（厘米）	树高（米）	树龄（年）	地点	备注
75	黄檀	蝶形花科	黄檀属	不知春	630	200	8.5	560	凤凰松藏药房	空心
76	黄檀	蝶形花科	黄檀属	不知春	615	150	14	420	心愿庵	
77	黄檀	蝶形花科	黄檀属	不知春	632	200	14	560	胜髻精舍	分三枝
78	细叶青冈	壳斗科	青冈属	青棬		210	20	474	下闵园电瓶车路中	
79	枫杨	胡桃科	枫杨属	大叶柳		380	18	571	下闵园	断枝
80	枫杨	胡桃科	枫杨属	大叶柳		580	16	872	转身洞	
81	银杏	银杏科	银杏属	白果		230	30	460	东崖禅寺前	
82	银杏	银杏科	银杏属	白果	337	290	25	611	龙池庵	
83	银杏	银杏科	银杏属	白果	337	220	25.4	452	龙池庵	
84	黑壳楠	樟科	山胡椒属		256	310	17.9	480	甘露寺边	空心
85	糙叶树	榆科	糙叶树属	糙叶榆	256	220	24.3	526	甘露寺前	
86	糙叶树	榆科	糙叶树属	糙叶榆	256	300	26.5	730	甘露寺前	树干腐烂
87	细叶青冈	壳斗科	青冈属	青棬	256	250	22.7	590	甘露寺前	有洞
88	细叶青冈	壳斗科	青冈属	青棬	256	190	22.8	410	甘露寺前	空心
89	青钱柳	胡桃科	青钱柳属	摇钱树	256	340	30.1	493	甘露寺前	
90	青钱柳	胡桃科	青钱柳属	摇钱树	256	320	32	486	甘露寺前	
91	枫香	金缕梅科	枫香属		220	320	21.2	509	一天门上大弯处	一株二杈
92	枫香	金缕梅科	枫香属		220	220	22.3	509	一天门上大弯处	一株二杈
93	冬青	冬青科	冬青属		179	240	12.1	452	乔安灯花	断梢
94	枫杨	胡桃科	枫杨属	大叶柳	85	270	16	406	二圣殿小河边	
95	黑虎松	松科	松属	黄山松	182	290	15	800	拥华	

资料来源：九华山志（九华山风景区地方志编纂委员会）。

第二节　风景特征

●

　　九华山因风景奇秀、人文荟萃而震古烁今，故旧志曾有"十八景""十景"的凝练概括。但历代笔触侧重于人文景观的彰显，本书稽古考今，着重记述九华山的自然胜景。

九华山脉之主体由花岗岩构成，其岩体各种节理相当发育，故形成了以峰为主，盆地峡谷、溪涧泉流交织其中的独特地貌。纵观全山120平方公里内，异峰怪石、危崖峭壁、高台幽洞、涌泉飞瀑、奇松云海，姿态万千。李白言"灵秀"，王安石则曰"雄奇"。

　　今择记名峰75（含重名峰），峻岭29，怪石74（含重名石），岩10，台11，石壁2，洞36，盆地6，溪17，涧13，泉29，池10，潭11，瀑布10，异树11，以及时景若干（表2-5）。

表2-5　九华山自然景观

类型	自然景观
名峰	弥勒峰、聚玉峰、十王峰、天台峰、展旗峰、滴翠峰、七贤峰、仙人峰、中峰、小天柱峰、罗汉峰、蜡烛峰、葫芦峰、宝塔峰、香林峰、狮子峰、莲台峰、翠微峰、云外峰、绮霞峰、天蜡峰、双峰、磨盘峰、钵盂峰、石笋峰、大古峰、猫碗峰、升云峰、上莲花峰、天门峰、中莲花峰、石棺峰、少微峰、下莲花峰、独秀峰、罗汉行道峰、九子峰、拱辰峰、云峰、纱帽峰、天柱峰、芙蓉峰、列仙峰、赭云峰、插霄峰、翠盖峰、云门峰、翠峰、日照峰、虎形峰、化城峰、小狮子峰、凫雁峰、抚子峰、梅花峰、峨眉峰、玉甑峰、翠屏峰、二神峰、五老峰、文殊峰、螺髻峰、覆甑峰、安禅峰、鹞子峰、碧螺峰、笔架山、青山、火焰山、洪山、大西山、小西山、白家山、仙隐山、美女尖
峻岭	大岭、分水岭、长岭、华严岭、摩天岭、中天岭、苏姑岭、原始岭、莲台岭、文殊岭、凤凰岭、沙弥岭、大古岭、天香岭、九子岩岭、翠岭、齐云岭、舒姑岭、归云岭、斗岭、天泰岭、西洪岭、盆泉岭、化城岭、鼍蟠岭、青龙脊、头陀岭、神光岭、九子岭
怪石	碧桃岩、东岩、仙座岩、古佛岩、九子岩、青龙背、清隐岩、观音岩、宝陀岩、拾宝岩、三斧岩、定心石、悲铭石、拴龙石、乌龟石、棋盘石、飞来石、独角风、关刀石、大鹏听经、仙人击鼓、金龟朝北斗、金鸡叫天门、猴子拜观音、木鱼石、双桃石、狗熊石、不倒翁、老人石、石床、石佛、面壁石、鹰石、磨盘石、犀牛望月、小金龟、佛指石、佛掌石、三斧石、禅定石、浑圆石、蘑菇石、大象石、马头石、海狮捕食、蜗牛登山、定海神针、仙人倒晒靴、飞鱼石、鲸鱼闹海、问天石、天钟石、美女石、龙泉剑、灯笼石、鞋石、飞石追猪、石碑石、仙人石、兔子望月、天窗石、醉翁石、龟兔赛跑、斗鸡石、灵谷探海、罗汉晒肚皮、野猪上山、天门石、三叠龟、花窗石、天狗石、雷打石、龙珠石、锦衣石
盆地	老常住盆地、转身洞盆地、青峭湾盆地、天香盆地、翠峰盆地、九子岩盆地
洞	堆云洞、老虎洞、观音洞、燕子洞、华严洞、长生洞、太极洞、古佛洞、狮子洞、无底洞、文殊洞、十丈洞、葛仙洞、飞龙洞、楼台洞、云岩洞、莲花洞、九曲洞、无极洞、转身洞、道僧洞、神仙洞、叮咕洞、笠帽洞、天门洞、白云石洞、大龙洞、菜花洞、八仙洞、老虎洞、天坑洞、朝阳洞、青云洞、燕儿洞、仙水洞、地藏洞
台	观瀑台、拜经台、天台、玉屏台、夏仙台、莲台、花台、清凉台、点将台、普贤台、五台
异树	凤凰松、金钱树、古银杏树、檀公古树、九子古枫、陵阳古桦、迎客松、迎客杉、分流银杏、黑虎松、九子古松
时景	云海、日出、晚霞、雾凇、佛光、九华四季、金山红叶

资料来源：作者根据2013年版《九华山志》以及《九华山大辞典》整理绘制。

一、名峰怪石

1. 名峰

　　九华山钟灵毓秀，体现在峰形奇峭，多为绝壁危崖环绕。古有99座山峰之说，现依普查资料实录74座，多为海拔700米以上山峰，包括十王峰、天台峰、蜡烛峰、罗汉峰、莲台峰、小狮子峰、会仙峰、中峰、天柱峰、大古峰、双峰、列仙峰、五老峰、九子峰、化城峰等。

十王峰位于九华山主干山脉腹地，天台峰南侧，两峰有一山脊相连，海拔1344.4米，为脊状峰，是九华山第一高峰。组成该峰的花岗岩多组节理密布，在外力作用雕琢下，峰东西两侧危崖层叠。登临其上，极目远眺，众峰俯首，云涛翻卷。由天台峰、拜经台南索道上行均辟有登山磴道，游人拾级而上，可直达峰巅（图2-6）。

天台峰位于十王峰北，西对南蜡烛峰，海拔1308.4米，呈脊状，南北狭长，峰顶有天台寺（图2-7）。民国《九华山志》载"九华主干山脉，南北舒展，横绝天表，天台一峰为统宗"。但此峰比十王峰低36米，旧志有误。峰之东有一山脊，由裸露的花岗岩构成，呈黛色，宛若一条盘曲在空中的巨龙，有"青龙脊"之称（图2-8）。在青龙脊南北两侧，沿近南北方向的节理下蚀，两侧壁立，西为龙珠峰（又名天台岗）；两峰由一石桥相连，称"渡仙桥"，桥梁镌有"中天世界"四字。天台峰顶有一亭，突兀云表，似伸手可捧握太阳，故名"捧日亭"。在天台峰绝顶，有两块巨石夹峙而立，其高约6米，宽4～5米，两石之间有一缝隙，下宽1米，上宽0.8米，仅容一人擦肩而过。人在其中，倚壁仰望，碧天一线，故有"一线天"之称（图2-9）。因其常有云雾穿越，亦称"云峡"。天台峰是观九华山全景和欣赏云海、日出、佛光最佳处，宋释宗杲有《游九华山题天台高处》："踏遍天台不作声，清钟一杵万山鸣。五钗松拥仙坛盖，九朵莲开佛国城。南戒俯窥江影白，东岩坐待夕阳明。名山笑我生天晚，一首唐诗早擅名。""天台晓日"为九华山古十景之一。

双峰位于云外峰东北、天柱峰西侧，双峰并峙，海拔高度分别为1174.4米、1009.4米，为锥状峰。双峰基座相连，其间纵向垂直节理十分发育，在流水、融冻和风化作用的强烈雕琢下，中、上部遂成两峰分离

图2-6　十王峰
（图片来源：作者自摄）

图2-7 天台峰
（图片来源https://www.sohu.com/a/333736367_614803）

图2-8 青龙脊
（图片来源：作者自摄）

图2-9 一线天
（图片来源：作者自摄）

之势。双峰高插入云，峭拔险峻，秀雄兼备。南麓有"十丈洞"，深约30米，常有清泉外溢；北麓有"点将台""龙泉剑"等景点。

天柱峰位于双峰东，海拔1006.4米，为锥状峰。该峰因花岗岩垂直节理特别发育，且水平节理稀少，相对高度700米，四周绝壁矗立，巍峨雄壮，如柱倚天。在其周近有大古、云外、双峰等奇峰拔地而起，不仅峰形俊秀，且有怪石、清泉与其交相辉映；东麓有天柱书馆、龙游涧、嘉鱼池、百丈箭瀑布等景点；北麓竹篁拥翠，终年常青。古诗云："整头几千仞，奇峰顶上悬。九华尽平地，一柱独擎天。绝境齐昆圃，高踪仰谪仙。共工不敢触，五老立云边。"

大花台峰位于花台景区，也叫中峰，海拔1293.4米，为脊状峰。山路上遍布杜鹃花，登上峰顶环顾，奇峰错列。有蜡烛峰、犀牛望月、会仙、天门、石笋、书箱等山峰。古人有诗称颂："一峰天半明朱霞，一峰晦暗招云车。一峰清明一峰雨，一峰崛立一峰舞。如笏如斧如覆钟，如矛如刀如戟丛。突如塔顶摩苍穹，削者如圭锐者笔。"

小花台峰又名会仙峰。位于莲台峰北，海拔1008.4米，为柱状峰。峰顶怪石嶙峋，乱云飞渡，石柱、石人罗立，形态逼真、惟妙惟肖，犹如众仙相约而来，在此汇聚，因此得名。峰西侧悬崖千仞如削，苍松翠柏，天门、石笋、石棺，三峰鼎立西南成掎角之势，由峰巅俯瞰四周，景色绮丽。在仲夏时节，会仙峰周围兰花、杜鹃花盛开，山花烂漫，五光十色。

九华山天然睡佛坐落于花台景区，是世界上最大的一尊由大花台小花台等多座山峰组成的自然佛像，也是九华山海拔最高的大佛。相传当年金地藏卓锡九华，上花台正顶向九华山财神闵公"袈裟借地"。修成正果后，化身为天然睡佛，显现于花台群峰之中。以证佛法永存，而普度众生。同时花台景区被誉为九华山最美的地方。"花台春色"被列为九华山新十景之首。"拜佛见佛面，祈福上花台"。说的就是九华山礼佛的游人香客，来到这里亲近花台睡佛，以鲜花供佛，祈福许愿，膜拜地藏化身。睡佛额头由"梦幻石谷"等众多奇石构成；睡佛睫毛由清凉台和"定海神针"等景点构成；睡佛鼻梁由通灵峰和"龙脊"等景点构成；睡佛嘴唇由玄武峰、慧仙峰和"地藏晒靴"等景点组成；睡佛下颌是花台正顶，当年地藏菩萨"袈裟借地"处，由中峰、天钟等景点组成；睡佛喉结由佛门、戒石等景点组成（图2-10）。

插霄峰位于化城寺东，海拔873.4米，为连绵的脊状峰，也叫东崖。隔龙池峡谷口与赭云峰相对，西南连接芙蓉峰。该峰在九华山诸峰中别具一格，为整体呈近南北延伸的脊状山峰，上有百岁宫、东崖禅寺、回香阁并列而立。因构成其峰的花岗岩节理稀少，加之与四周山地之间有沟溪相隔，本身产生的地表径流不多，风化作用和流水的冲刷作用都受制约。峰顶起伏不大，有巨石雄踞其中，以云舫岩最为典型。东西两侧被断层所切，直落上下，悬崖如鞘。向上仰视，壁立万仞。龙溪和花潭涧绕峰路下泻，二者汇于龙池。谷地的云雾，白天随风飞升，夜晚随谷地下沉，忽上忽下，分合不定，形成奇妙壮丽的景观。登上插霄峰绝顶，注目远眺，四周群峰，巍然屹立。东有天柱五老峰，西有会仙、芙蓉，南有十王、天台峰，北有化城、虎形峰。在此观大花台峰，有如人面仰卧，栩栩如生。峰北端明代建有摘星亭，现为百岁宫上院，犹如天宫。峰南有小观音寺、锦衣石、钟亭；北有棋盘石、栓龙石、老虎洞、燕子洞、观音洞。向西俯瞰九华街盆地，一派莲花佛国的景象。释太虚《九华杂诗》云："绝顶揽群峰，巍然插太空。溪藤青掩映，崖壑碧玲珑"（图2-11）。

大古峰位于猫碗峰东北，海拔1138米，为锥状峰。该峰孤兀凸起，由节理稀少的致密花岗岩构成，顶部平坦光秃，方圆近四五亩，产野生韭菜。相传明代徐达、常遇春曾在此峰安营扎寨，率军大败陈友谅。该峰东北有天柱、梅花、双峰、列仙等峰屏立；东南有雪潭、东阳涧等水景。

莲台峰位于罗汉峰东北，海拔1220.4米，为锥状峰。组成该峰的五大磐石高叠成峰，悬石错列，水平节理发育，且间距均为4～5米，外力作用循其向深部切割，周缘形成水平方向裂隙，貌似将峰体上部分成五叠，实质上内部依然连成一体。峰壁峻峭，有象兽、象物、象禽的怪石分布。山峰中段有一石洞，有四个门可以进入，洞内空旷，凉风倒吸，曾经是僧人的居室，可容百余人。峰西侧崖上，刻有"莲台峰"石刻，依稀可辨。

图2-10 天然睡佛
（图片来源：作者自摄）

图2-11 插霄峰
（图片来源：作者自摄）

2. 怪石

九华山怪石形肖，多拟人、拟兽、状物，有的被赋予神话传说色彩。

较为典型的怪石有：定心石、乌龟石、飞来石、大鹏听经、金龟朝北斗、棋盘石等。

定心石在二天门下、甘露寺后登山古道百米处。一石横卧路东，上平阔，刻有"定心"两字。游人拾级登山，气喘吁吁，在此石上稍息，顿觉神清气爽。

棋盘石位于老虎洞之上、飞来石东。高4米，四面悬空，上大下小；顶扁平，9米见方，刻有棋盘，为有根石。传说为南、北斗星宿揽撷九华胜景，临风对弈之处。从伏虎庵旧址前眺望，形似飞落岩头的苍鹰，故又名"苍鹰石"（图2-12）。

飞来石有二：一距棋盘石西数步，长3米，宽2米，为有根石，险踞悬崖，势若天外飞来，石周松奇，如伞盖似蟠龙。一在独秀峰西，巨石独耸，高20米，一半倾斜悬空，下临深渊，近观则大有坠落在即之感。

大鹏听经俗称"老鹰扒壁石"。位于天台峰西、拜经台寺后。高60米，为有根石。其石伏贴于悬崖上，状若大鹏，喙啄、翅膀分明。传说僧地藏拜诵经书，有大鹏飞来聆听而感化为石（图2-13）。

天台景区，有一寺名观音峰寺。寺因峰名，是因寺西侧有一石峭立。酷似女相观音，故称"观音峰"（图2-14）。"观音"高7米，宽3米。在闵园景区仰视，观音行走于峰峦之间，欲朝东北而行。在此后近观，观音面庞圆润，胸脯微挺，衣帽毕肖，襟带飘动，惟妙惟肖。相传当年僧地藏来到中土寻找道场，先是上了普陀山，一脚踏上山峰，整个山峦塌下去一半，僧地藏自知这里不是他的修行之地，便转身西行，来到九华山。普陀山本是观音菩

图2-12　棋盘石
（图片来源：作者自摄）

图2-13 大鹏听经
（图片来源：http://blog.sina.com.cn/s/
blog_1640aae720102xk4y.html）

图2-14 观音峰
（图片来源：作者自摄）

萨修行的道场，山峦被僧地藏踩沉了一半，观音菩萨感到此僧非同一般，一心想拜见。于是，观音菩萨选好日子，携其净水宝瓶和主食蕨菜，循着僧地藏的足迹，来到了九华山。观音菩萨得知地藏菩萨每日清晨上天台念经，晚上宿神光岭。于是就腾云驾雾，落脚于东崖云舫的岩石上。恰在此时神光岭有一道金光直射过来，正好将影像映照在岩石的石壁上，从此石壁上留下了观音的影像，这就是人们看到的小观音峰石壁上的观音。观音菩萨来到拜金台下的一块大石上，向天台方向献上了两支大蜡烛，分立在玉屏峰两侧，这就是人们现在看到的蜡烛峰，这时候僧地藏正在天台静坐，忽然觉得眼前一亮，观音菩萨立在下面，地藏便下行施礼，与观音菩萨相见，谈经论道。观音菩萨看到九华山峰峦叠嶂的美景，不舍离开，于是便在拜经台下将一块巨石化作自己的身影，也就是现在的观音峰。

蜡烛峰有二，位于拜经台南北两侧，东对天台峰，海拔分别为1263.4米、1260.4米，为柱状峰（图2-15）。垂直节理极度发育，两峰相峙而立，

图2-15 蜡烛峰

相对高度30米，四周岩壁陡立，顶部有粗壮矮松盘旋而出，形似蜡烛芯。南蜡烛峰有童子拜观音石，为有根石，有石形似观音，其下一石如灵猴作揖。

金龟朝北斗位于十王峰西北、蜡烛峰南约150米处，高5米，宽3米，为有根石。由拜经台去天台峰百米处回首西望，一只神龟竖立，神情专注，似正翘首仰望北斗星辰。

大象石位于会仙峰西南，长10米，高6米，为无根石。呈长方形，似大象出林，象眼分明，象鼻长垂。

马头石在大象石西北，长4米，高2.5米，为无根石，岗顶横卧一巨石，形似马首低垂，马嘴紧闭。

定海神针位于会仙峰西北蜗牛石西侧，高45米，宽5米，为有根石。孤立高大石柱，顶尖削，下临深渊，云浮峰腰。

仙人倒晒靴有二，一在宝塔峰南侧、定海神针北，高15米，上宽5米，下宽4米，为有根石。形似一只长筒靴，倒置悬崖上。一在聚宝峰东，与宝塔峰靴石成双成对（图2-16）。

仙人击鼓位于拜经台西南。两石险立岗顶，前石硕圆如大鼓，后石屹立似仙人。仙人高3米。鼓高5米，宽2米，均为有根石。两石组成仙人击鼓奇景（图2-17）。五指峰形似仙人的五指（图2-18）。

佛陀石位于天门峰西南石蹬道侧。其脸庞丰腴，额头、眼睑、鼻子、下颌分明，胸脯微挺（图2-19）。

图2-16　仙人倒晒靴
（图片来源：http://blog.sina.com.cn/s/blog_1640aae720102xk4y.html）

图2-17　仙人击鼓
（图片来源：http://blog.sina.com.cn/s/
blog_1640aae720102xk4v.html）

图2-18　五指峰
（图片来源：http://blog.sina.com.cn/s/
blog_1640aae720102xk4v.html）

图2-19　佛陀石
（图片来源：https://www.meipan.cn/6b694kv）

二、峻岭盆地

1.峻岭

九华山峻岭众多，旧时多以岭为交通要道。

化城岭位于九华街北。岭峻窄，南北走向，长5公里。自大桥庵历一天门、二天门、甘露寺、龙池庵、聚龙寺抵九华街。岭径为宽阔之古石板道，岭头可望大江。

蜃蟠岭位于九华街西北，走向东偏西南。从东馆木村石板道沿岭径而上，岭势萦回若蜃蟠。岭径长6公里，至香炉石为岭头。伫立眺望，肉身塔掩映于绿荫中，芙蓉、天台诸峰跃入眼帘。岭西接九子岭，北汇头陀岭，皆尽于九华街。

头陀岭位于蜃蟠岭北。岭长5公里。岭北脚起柯村狮形自然村，历无相寺、照山、八都岗往九华街。岭顶圆如头陀，岭侧有头陀石；东北一望，群峰跻身翘首。

九子岭位于九华街西，东西走向。岭径为古石板道，全长4公里。自九子村盘旋而上，历松树庵、白云观、香炉石，一路松竹夹道，溪喧鸟鸣；两侧山田峻如梯。岭西西峡谷多盆地，峰峦如林，形成特定小气候，朝暮时有大面积云海。

神光岭位于九华街西，南北走向。由净土庵西行至肉身殿前转折往南，经芙蓉峰接大岭。全长3公里。传说岭南建肉身殿时，岭空出现神光异彩，故名。沿途楼台高耸，密林藏秀。立岭头可眺天台、十王峰。

大岭北连神光岭，南往转身洞。岭径穿越平田冈，全长3公里。岭头东有葫芦峰。

分水岭在转身洞南，北接大岭岭径，南偏西北走向。岭径为石板道，是古代徽歙香客游人往来九华必经之路。岭长10公里。岭险峻，两侧奇峰耸峙，怪石嶙峋，绿树茂密。岭北为龙溪水源。清代沿途建有后一、二、三天门，今废。

摩天岭位于九华街东北。岭径摩天接云。由祇园寺北登岭，松林夹道，至百岁宫为岭头。岭东本无路径，新辟有石板道在百岁宫与西径贯通。岭径全长3公里。

大古岭位于大古峰和猫碗峰之间，东西走向。西起方家冲，尽于东阳涧雪潭下。岭长5公里。

沙弥岭位于沙弥峰南，与大古岭连接。岭头旧有沙弥庵。岭径陡峭曲折，尽于青峭湾，全长8公里。

天香岭位于翠峰与双峰之间，东起龙口，西至蛇冲，转折西北达柯村。全长10公里。

2.盆地

九华山盆地规模都较小，在数平方公里以内，海拔高度多在800米以下。盆地多为居民点、寺庙、耕地集中分布地带。

九华街盆地位于插霄峰西，花岗岩闪长岩与钾长花岗岩接触部位，面积4平方公里，为差异风化侵蚀型盆地。该盆地四面青山，堆绿叠翠；茶园青葱，田地肥美。盆地内人烟稠密，名胜古迹众多。寺庙密度每平方公里多达6座（全山寺庙密度为0.78座/平方公里），古刹林立，香烟缭绕。商号店铺，老街古朴，人称山城佛国（图2-20）。

下闵园盆地位于插霄峰东，面积3平方公里，为构造侵蚀型盆地。该盆地东西高峰屏立，一溪两涧穿插其中。尼庵民舍，竹林环抱。闵园，是名茶的原产地，古代出产上乘香茶。相传金地藏曾引种优质茶树于盆地内。今上、中、下闵园，都产名茶，尤其以下闵园盆地所产为贵。其茶汤色清绿，味甘美悠长，兰花型香气高爽持久，为茶中上品（图2-21）。

老常住盆地为高山盆地，位于天台寺东海拔800米，面积2.5平方公里，为差异风化侵蚀型盆地。该盆地四面水源流入，花草茂盛，松林密

图2-20　九华街盆地
（图片来源：作者自摄）

图2-21　下闵园盆地
（图片来源：作者自摄）

集，池、井、泉错落有致。现辟为药材场。旧有老常住、中常住和正常住3座寺院，现仅存遗址，但9株古老的银杏仍粗壮挺拔。

转身洞盆地位于分水岭北，为九华山最大的盆地，面积约8平方公里，为构造侵蚀型盆地。该盆地土肥水美，中落山田数亩，四周灌木林中，飞禽走兽怡然自乐。古徽歙进山石板道横穿其中，路随溪转，磐石累累，环境宁静优美。有转身洞、石屋等名胜。

翠峰盆地位于翠峰东。面积1平方公里，呈锅底形，为侵蚀型盆地。该盆地四周峰峦环抱，中央坐落翠峰寺。寺前茶园碧涧，寺后怪石嵯峨。曾归纳有"翠峰八景"名胜（图2-22）。

九子岩盆地位于九子岩东，面积1平方公里，为侵蚀型盆地。该盆地内有九子寺、七步泉、石塔等名胜（图2-23）。

图2-22 翠峰盆地
（图片来源：作者自摄）

图2-23 九子岩盆地
（图片来源：作者自摄）

三、岩窦

九华山地貌多样，岩、洞、台、石壁形态各异。

1. 岩

碧桃岩位于九华山浮桃涧上。岩下村落，白墙瓦舍，竹村掩映；岩头高悬飞瀑，雨花飘洒，瑶草含珠，苍苔藓衣，雾气笼罩。岩周青山凝碧，翠屏横空。相传唐道士赵知微在此种桃千株，花开碧色。后赵知微仙去，此地被人称为"碧桃岩"。

东岩旧志记为"东峰"，实为岩。位于回香阁北、钟亭东。居室方正，高耸山顶。顶平阔，约200平方米。相传僧地藏初来九华山时，常宴坐岩头诵经观景，故又名宴坐岩。明王守仁曾两次于岩头端坐，与和尚谈经论道。继僧地藏、王守仁之后，文人名士争相仿效，中有堆云洞；南有锦衣石和"飞身处""云舫"等石刻；西有钟亭。清程道光《东岩》诗云："高人当晏坐，岂是拟仙踪。"从东岩可俯瞰九华街，远眺长江（图2-24）。

2. 台

观瀑台位于龙池之西、弄珠潭上。台高10米，三面悬崖，其上平阔，正对龙池飞瀑，势若雪崩，声如惊雷。仰视东南，峰接云天。

拜经台位于双烛峰之间，大鹏听经石下。旧志记为金地藏拜经留下的一双大脚印，实为好事者凿之。台高旷，西临陡谷，蜡烛峰则耸立左右。

图2-24 东崖宴坐
（图片来源：作者自摄）

3. 洞

老虎洞又名伏虎洞，位于棋盘石东南约200米处。进深6.9米，面积27.6平方米。内有细泉自洞西渗出。传说洞为虎穴，伏虎禅师曾驯服猛虎，移栖洞内。清初洞南建伏虎寺，今存遗址。洞口朝南，顶上独立数株老松，盘根曲爪深扎于石隙。东有石塔墓，境极清幽。

观音洞有二：一位于乌龟石西北，进深8.6米，面积43平方米。洞壁雕刻观音佛像一尊，观音像左侧通幽窟，深不可测。一眼石泉自幽窟石壁宣泄而下，蓄积玉池，清冽甘美。洞内宽广明亮，冬暖夏凉（图2-25）。另一位于拜经台北侧，洞窄小，斗室仅容数人。

华严古洞位于华严海寺东侧。洞口三角形，内深6.6米，宽5.3米，为巨型塌石巧妙堆搭而成。该洞巨岩北端上翘，呈窝掌形。傍临小溪，幽篁遮天。供有佛像。明、清以来皆为庵堂（图2-26）。

长生古洞位于通往天台峰的途中、翠岚台北侧。面积12.5平方米。砌有洞门，内狭小潮湿，因有损居僧健康，故已封存（图2-27）。

图2-25 观音洞（乌龟石西北）
（图片来源：作者自摄）

图2-26 华严古洞
（图片来源：作者自摄）

图2-27 长生古洞
（图片来源：作者自摄）

四、奇松

九华山古树众多，保留下来很多形态奇特、历史悠久的古松。

长臂松位于百岁宫西北。一松伫立山岩，独干笔直，高16米，胸径0.6米。树茎长枝一律西伸，高低间隔疏朗，形似长臂擎云。

迎客松有二：一棵位于华严岭头、回香阁西北。松高13米，胸径0.7米。顶冠平铺，满身葱绿，青翠欲滴。树干3米处横生一长枝，似向过往游人招手致意，热情地欢迎宾客的到来，故称"迎客松"。另一棵位于打鼓石西北约200米处，位于索道6号柱桩南侧悬崖石壁上，树高约4.5米，胸径0.4米。其根深扎悬崖石隙，其冠平整向悬崖一侧次第倾斜，冠幅约26平方米。

凤凰松位于中闵园回龙桥东北。松高7.68米，胸径0.99米。主干略扁平，高3米处枝干分成三股，中间枝干曲形向上，如凤凰翘首；一股微曲平缓下伸，似凤尾下摆；一股斜伸微翘，分两翼，似彩凤展翅。相传此松为南北朝神僧杯渡所植。旭日东升、晨雾初开，或者夕阳西坠、晚霞流金时分，凤凰松越发青翠欲滴、色彩鲜明，被李可染誉为"天下第一松"（图2-28）。

图2-28　凤凰松
（图片来源：作者自摄）

五、时景

1. 云海

云海由地面雾和层积云所形成。每年春、冬季节，九华山峰峦深壑、峡谷幽涧和山间盆地中的雾气抬升，漫结成大片的云海。在小天台、大天台、莲花峰观之，一铺万顷，雪浪翻涌，惊涛拍岸。云海变幻多姿，"正喜峰头青霭散，俄看杖底白云生"。早、晚或雨雪新霁之后，是欣赏云海的最佳时间。夏季云海较少见，且面积较小，维持时间亦短（图2-29）。

2. 雾（雨）凇

俗称"落凌"（冰凌），是严寒隆冬时节，气温在零摄氏度以下，云雾或冰雨漂遇山峰、树木后迅速凝聚冻结的白色结晶体。气象学把这种现象称为雾（雨）凇。九华高山每年平均有9天的雾（雨）凇发生期，雾凇居多，雨凇较少。雾（雨）凇出现时，漫山遍野银装素裹；冻结在峰头岩面、石洞树木上的各种冰晶，玲珑剔透，千姿百态，美不胜收。当红日映照，气温回升到零摄氏度以上时，冰晶便迅速融化脱落（图2-30）。

3. 佛光

佛光，古人称神光、宝光。气象学上称峨眉宝光，是在特定条件下形成的一种大气现象。在旭日东升或夕阳西照时，人的对面若有密云或浓雾，背后为晴空，阳光恰好从背后照射过来；由于阳光发生衍射作用，人前的云幕上便出现七色光环，即佛光。而当人站在峰巅的位置与光环、阳光同在一条线上，光环中则映出人的虚像，且人动虚像亦动，人静虚像亦静。佛光被认为是吉祥的征兆（图2-31）。

图2-29 九华山云海
（图片来源：https://i.ifeng.com/c/83ZOiSMfdCv）

图2-30 九华山雾凇
（图片来源：http://www.wehefei.com/news/2021/01/03/c_319919.htm）

图2-31　九华山佛光
（图片来源：http://tuchong.com/1934313/17976154/）

参考文献

[1]　九华山风景区地方志编纂委员会. 九华山志[M]. 合肥：黄山书社. 2013. P1.

[2]　中国科学院中国自然地理编辑委员会. 中国自然地理·地貌. 北京：科学出版社，1980：1-61.

[3]　曾昭璇. 中国的地形. 广州：广东科技出版社，1985：13-21, 120, 121, 298-311.

[4]　李炳元，潘保田，程维明，韩嘉福，齐德利，朱澈. 中国地貌区划新论[J]. 地理学报，2013, 68（03）：291-306.

[5]　陈彦卓，宋永昌. 安徽省九华山植被调查报告[R]. 华东师范大学生物学系. 1957.

[6]　董冬，何云核. 安徽省九华山风景名胜区古树名木资源的调查[J]. 安徽农业大学学报，2008，（02）：191-195. [2017-09-15]. DOI: 10.13610/j.cnki.1672-352x.2008.02.027.

第 三 章

九华山文化特征

第一节　九华山人文发展过程

佛教在九华山的传播起源时间，有多种记载和传说。最早的是"东汉说"，但缺少资料支撑，学界认同较少。"东晋说"是九华山最早有建造寺庙记载的说法。相传三国时期，佛教传入吴地丹阳郡沿江一带，东晋时期开始在九华山地区传播。根据明嘉靖《九华山志》记载，东晋隆安五年（401年），天竺僧人杯渡到九华山化城峰（今九华街）结茅庵，名为"九华"。而清光绪年间，周赟在清光绪《九华山志》中对此学说提出了质疑。目前比较可信，且学界认可度较高的说法是"唐末说"，费冠卿在《九华山化城寺记》中对金乔觉在九华山传播佛教和修建寺庙有详细记载。费冠卿是青阳人，唐元和二年（807年）进士，金乔觉圆寂于唐贞元十年（794年），费冠卿在《九华山化城寺记》文末写道："时元和癸巳岁，予闲居山下，幼所闻见，谨而录之"。九华山佛教历史的起源，以唐肃宗至德初年（756年）化城寺的创建为标志。

对九华山佛教文化体系的研究，为更好地从时间、空间、环境上把握其历史发展脉络，结合时间序列和空间序列进行梳理分析。

一、唐代以前

虽然佛教从东汉初传入中国，但数百年间，其影响力均无法超越道教。很多名山在佛教传播之前，都是被道教垄断的。九华山遗留的宗教古迹和历史传说，在唐开元二十九年（741年）前都属于道教。

二、唐代

唐代僧众显著增多，寺庙多分布于九华山麓、后山、青阳县城附近。唐代诗僧冷然在《宿化城寺》中写道："佛寺孤庄千嶂间"，由此可见，当时九华街相对较为荒凉。

唐会昌五年（845年）七月，武宗李炎发动灭佛事件，佛教史称"会昌法难"。在此之前，佛教在全国盛行，寺庙和僧众增加，经朝廷赐额的合法寺院享有特权。寺僧占有土地，不负担赋税，导致寺庙占有大量土地不用交税，僧尼靠农民供养而自己不耕种，成为社会经济的一大弊端。"会昌法难"从根本上来说，是对佛教的一种积极的控制。虽然九华山的寺庙在此期间受到了一定的破坏，但这给九华山乃至中国佛教的健康发展，创造了条件。经历过会昌法难后，唐代末九华山寺庙约有20余座。

虽然九华山离京城较远，山上化城寺的香火依然旺盛。唐代禅宗和律宗传入九华山，律宗僧人居于禅寺之中，与禅僧共同修行，延续至其后的各朝代。

三、五代十国至元代

五代十国时期，由于禅宗繁荣发展，九华山佛教也受到相应的影响，禅僧的数量增多，影响逐渐扩大。伏虎禅师在南唐时到九华山，在拾宝岩建道场，后改名圆寂寺。圆证禅师曾在卧云庵传法。

宋代宋太祖赵匡胤为巩固统治，发布敕令兴佛。九华山处于宋代的保护措施之下，九华山地区的佛教在这一时期也得到了发展。从宋代的诗文中，可以看到当时九华山佛教以化城寺为中心形成的兴盛局面。如宋代李虚己在诗中描述的化城寺景象："宝塔香灯诸洞见，石楼钟磬半天闻。"天台也相继建设了一些寺庙，形成云端佛国的景象，如宗杲禅师在《游天台》中描述："踏遍天台不作声，清钟一杵万山鸣。五钗松拥仙坛盖，九朵莲开佛国城。"

宋代著名诗僧清宿，受五代僧人圆证委托，于景祐年间（1034—1038年）主持"九华诗社"，常组织文人和诗僧吟诗谈禅。僧希坦著有《九华诗集》传世。许多文人墨客也都在九华山留下诗篇，如王安石、周必大、梅尧臣、章贡等。

虽然九华山佛教在宋代有逐渐发展扩大的趋势，却缺少鲜明的个性，是混杂、融合的，缺少严密的宗教组织、理论指导及戒规律仪。总体来说，九华山佛教在宋代受到了民间和朝廷的肯定和支持，其地位不断上升。

元代统治者为了延续传统信仰和对西藏的统治的政策，崇奉藏传佛教。忽必烈称帝后，拜萨迦派祖师八思巴为国师，迁都北京后（1267年），在中央设置总制院，重用八思巴，掌管全国佛教和藏族地区事宜。元代汉地佛教发展处于停滞期，虽然主要的佛教宗派如禅宗、天台宗、华严宗仍有传播，但没有新的发展。九华山的佛教也进入了停滞期，基本保持着宋代的状况，新建了一些寺庙如西峰堂、成德堂等六座寺庙。

元末，长江中下游爆发了农民战争，持续十年之久，池州成为主要战场之一，大量古寺毁于兵火，信众无法朝山，僧侣失去经济来源，生活困难，佛教一度衰落。

四、明清时期

明代统治者开始支持汉传佛教，九华山佛教也迎来了繁荣发展时期。明太祖朱元璋将皖南看作"兴王之地"，兴修水利，政策相对较宽松，推动了九华山佛教的发展。朱元璋曾作过八年僧人，深知佛教具有"佐王纲而理善道""绳顽御恶"等社会作用，曾撰写文章八十余篇赞颂佛教，收录于《御制护法集》。洪武二十四年（1391年）七月、二十七年（1394年）正月先后颁布《申明佛教榜侧》和《榜示佛教条例》，以规范对僧人、寺庙的管理。此外，朱元璋取消了藏传佛教的特权，使汉传佛教与藏传佛教处于平等地位。

16世纪到17世纪，明代皇室对九华山佛教高度重视，实行了很多扶持政策。明宣宗宣德二年（1427年）、明神宗万历十一年（1583年）、万历三十一年（1603年），多次修葺化城寺和肉身殿。万历十四年（1586年）、万历二十七年（1599年），先后颁赐九华山佛寺两部《大藏经》。

明代有众多僧人禅居九华山，包括宗琳、道泰、佛智、智旭等。其中智旭是明末四高僧之一，对九华山成为香火道场起到了重要作用。崇祯十年（1637年）智旭在九华山华严庵（回香阁）居住，劝僧俗持地藏名号，并于次年写成《梵网合注》等著作。智旭的宗教实践，使九华山佛教中地藏的地位更趋突出。

汉传佛教的禅宗、净土宗、律宗、天台宗等在明代得到了恢复和发展。化城寺在1391年建立丛林制度后，逐渐发展为有东西两庑七十二寮房的大丛林。全山寺庙多达百余座。僧侣数量增多，朝山信众也显著增多。明代金地藏为地藏菩萨应化以及地藏道场在九华山的说法在僧俗两界确立，自此，地藏菩萨信仰形成了以九华山为中心传播的格局。

清代是九华山佛教发展的鼎盛时期，有"江东香火之宗"的赞誉。由于地藏信仰的盛行、明清佛教的世俗化，九华山的寺庙在统治者的支持下以及九华山所在的江南区域经济繁荣的带动下，兴起了一轮新的修建热潮。

清代朝廷对藏传佛教和汉传佛教极力推崇，历代君主都表现出对佛教的浓厚兴趣。顺治曾召玉琳国师进京说法；康熙出巡常住在名山寺庙中，赋诗题字，并派人到九华朝山进香；乾隆宣扬佛教教义，并提倡刻经、印经。

地方官府也对九华山佛教大力支持。在地方信徒和官绅的捐助下，至清中叶九华山新建扩建了多座庙宇。化城寺有七十二寮房，一些寮房自称"禅林"或"禅院"，寺僧多达三四千人。

清咸丰三年至同治二年（1853—1863年），清军与太平军会战于九华山附近。受战乱的影响，以及太平军对佛教的迫害，大量寺庙毁于一旦。如今，化城寺周边仅残存十余座寮房。19世纪50年代至19世纪末，山上寺庙从156座降到82座。此后的三十年间，清代朝廷恢复九华山佛教。1979年以前山上所存的寺庙大多是当时修复或重建的。光绪年间，九华山甘露寺、百岁宫等寺庙三次得到朝廷颁赐的《龙藏》经书。

清康熙四十八年（1709年）正月，圣祖仁皇帝分遣内府诸臣加礼山岳，是九华山成为天下名山的重要事件。此时九华山与五台山、峨眉山、普陀山并称为中国佛教四大名山。

五、民国时期

1911年，辛亥革命终结了两千多年的封建制度。1919年"五四运动"兴起，在先进知识分子的带领下，发起了没收寺庙财产，兴办学校的"庙产兴学"运动；一些青年教师和学生倡导相信科学，反对封建迷信，对宗教进行排斥和批判。这一时期全国范围内的寺庙都遭到了一定程度的破坏。

民国2年（1913年）青阳县佛教分会成立，次年易名为九华山佛教会。北洋军阀政府和南京国民政府的上层人士给予佛教支持和关注。黎元洪、段祺瑞、于右任、蒋介石都曾为九华山寺庙题匾。九华山佛教得到了一定程度的复兴。20世纪20年代至30年代，随着香火的旺盛和施主的捐赠，寺庙经济得到了一定的发展。民国8年（1919年）后，中闵园一带新建了与僧寺隔离的茅庵和精舍，一批比丘尼入住修行。

至抗日战争前夕，全山尚存一百余座寺庙，一千余僧众，香火稍衰。1937年抗日战争全面爆发后，江南大部分地区沦陷，九华山佛教面临困境。香客减少、僧人生活窘迫、庙宇失修。1938年秋，日军二千余人侵入九华山，纵火焚烧寺庙，僧尼流离失所。

新中国成立以后，九华山只剩下五十六所寺庙，其中包括化城寺、藏经楼、月身宝殿、百岁宫、祇园寺、上禅堂、旃檀林、天台正顶等，保存了明清时期的建筑风格，部分寺庙还恢复了宋代的建筑结构与风格。

六、新中国成立后

新中国成立后，党和政府实行宗教信仰自由政策，九华山寺庙逐步得到修复，僧尼生活安定，佛教活动逐渐恢复。1966—1976年"文化大革命"期间，九华山又经历了一场浩劫。大量寺庙、佛像、文物被毁，僧尼受到迫害，宗教活动一度停滞。"文化大革命"结束后，宗教信仰自由得到恢复，九华山佛教得到复兴。

九华山的佛教继续维持着前山后山为一个整体的格局。前后山的住持可以统一调动。政府在九华山成立了管理机构，为了响应党的宗教自由的政策，取消了原有的九华山佛教会，变为各个寺庙召开代表大会来解决佛教内部事宜。1949年九华山各寺庙住持组成联席会议。1950年设代表制，一些中下层僧尼选为代表，定期召开代表会议，传达政府的方针，民主协商解决问题。经过"土地改革"，九华山的僧众与村民都获得了各自的山林与田地，此时的寺庙已经农禅并重。1955年成立了佛教农业生产合作社。政府组织僧人和村民的代表成立"九华山文物古迹保管委员会"，有效保护了九华山的寺庙与文物。

现代九华山作为南方佛教的主要香火道场，其实践价值更加明显。禅宗和净土宗的界限已经消失，僧俗两界的信徒普遍禅净双修。寺庙虽在名称上有禅院、净土庵的区别，但实际上修持已无本质区别。

随着九华山佛教学会的成立和九华山佛学院的创建，佛教得到保护和推广，僧尼素质逐渐提高，九华山佛教的发展进入一个新的历史时期。

第二节　九华山文化特征

九华山佛教的兴盛始于唐代，到明清时期到达兴盛期，在几千年的发展历程中，形成了独特的佛教文化。其宗派信仰主要包括禅宗、净土宗、律宗、华严宗等。主要文化特征体现为儒释道三教融合以及九华山佛教文化的世俗性。

一、地藏菩萨信仰

地藏菩萨信仰是大乘佛教极具特色的菩萨信仰之一。

《地藏菩萨本愿经》《大乘大集地藏十轮经》《占察善恶业报经》等佛经中，记载了地藏菩萨的事迹。不空法师在《瑜伽集要焰口施食仪》中首次对地藏菩萨精神进行了概括："众生渡尽，方证菩提；地狱未空，誓不成佛"，这体现了地藏精神中的"大愿"和"冥渡"两个特点。明清后，随着地藏信仰义理研究的深入，提出了"孝慈""奉献"两个核心内容。故地藏信仰的精髓是"大愿、孝慈、救度、奉献"。金地藏被后世视为地藏菩萨应化，使九华山成为中国佛教四大名山之一的地藏菩萨道场。

唐代费冠卿在《九华山化城寺记》中记载，唐开元末年（约741年），新罗僧地藏到九华山修行。唐至德初（756年），山下长老诸葛节买下谷中之地，为地藏兴建庙宇。唐建中初年（780年），池州太守张岩，奏请朝廷将"化城"放置于该寺庙。唐贞元十年（794年），僧地藏圆寂，三年后肉身不腐，僧众尊称其为"金地藏"，并建肉身塔供奉。明清四大高僧之一智旭大师在《复九华常住书》中确认金地藏是地藏菩萨的化身："九华实地藏慈尊现化地。"

九华山佛教的宗风：信、愿、行、修合一。金地藏的"教禅合一""农禅合一""愿行合一"的宗教思想与修行风格，正是"禅"的自觉自悟的"禅净兼修"。如明代实庵和尚为旃檀林题楹联曰："门前青山绿水都成画稿，槛外松声竹韵悉是禅机"。随南宋末临济宗、曹洞宗的传入，九华山形成祇园等"四大禅林"。"愿行合一""愿禅合一"更成了九华山千百年来的宗风。

二、宗派信仰

中国佛教根据地域特色分为汉传佛教、藏传佛教、南传佛教。汉传佛教是公元前2世纪从古印度经西域传入中原，与儒家和道家思想融合，后传到朝鲜半岛、越南、日本。南传佛教是由南印度经由海路传入中国南方。汉传佛教于7世纪进入西藏地区，与当地原始信仰"苯教"相互融合，发展成为"藏传佛教"。汉传佛教流行梵文圣典，以大乘佛教为主；南传佛教保留了印度原始佛教特色，流行巴利语佛典；藏传佛教以密宗为主，也有显密双修。

隋唐时期，观音、弥勒、文殊、普贤菩萨信仰已经相当普及，各大宗派如华严宗、净土宗、禅宗、天台宗等已经产生并发展迅速。汉传佛教的地藏菩萨信仰传播普及比其他菩萨信仰开始得晚，但从隋代传承至今。其中专崇地藏菩萨信仰的"三阶教"，从隋代创立并传承至宋初，影响深远。禅宗和净土宗在九华山流传时间较长，影响相对较大。律宗、华严宗、天台宗也有过传播，但影响相对较小。明清时期，金乔觉应化为地藏菩萨的说法在佛教领域确立，九华山成为地藏菩萨道场。

1. 禅宗

"禅"传自古代印度佛教，梵语为"dhyana"，英文译为"zen"，汉语译为"静虑"，即静中思虑，也叫"禅定"。"禅"指将精神集中在一法境上，专心参究，以达到参悟本自心性，获得心灵自由的目的，称作参禅，故名禅宗。禅宗思想的核心是心性论，强调关注人的自心，通过对心性的修持，获得心性的升华，追求纯净的精神境界。

南朝梁天监初年（502年），伏虎禅师在九华山修行。503年，梁武帝为其在莲花峰北侧的拾宝岩建立道场，名伏虎庵。唐至德初年（756年），诸葛节等人修建化城寺，请金地藏入住修行。金地藏及其弟子的修行方式，类似"达摩禅"，并开创了亦农亦禅的宗风，影响深远。金地藏的苦行保留了"三阶教"的苦行印记。化城寺是九华山禅宗的祖庭，其禅脉从金地藏开始，传承了309代（通常3年一代）。南禅宗在晚唐时期传入九华山，佛教活动十分频繁，其代表人物是道济禅师，他亲自建立莲花庵于禅师峰，在此修行了50年。南宋时期江南地区佛教基础较为雄厚，国家财政的扶持使佛教得到了很好的发展。一些有影响力的禅宗法师在南宋时期来九华山传播禅宗，如临济宗杨岐派高僧宗杲。明代由于皇室对九华山佛教的大力支持，在寺庙中修行的僧人逐渐增多，这一时期修建的祇园寺和百岁宫对禅宗在九华山的传播有重要意义。清代，九华山佛教以禅宗为盛，由于朝廷的扶持以及官府和信徒的捐赠，九华山新建、扩建了一批重点寺庙，形成四大禅林（祇园寺、百岁宫、东崖寺、甘露寺）。这一时期临济宗和曹洞宗对峙，临济宗略占优势。康熙六年（1667年），临济宗名僧玉琳国师到九华山传教，其弟子主持修建了上禅堂和甘露庵。曹洞宗在清代以来，逐渐开始发展。辛亥革命后，全国范围内的寺庙大范围遭到破坏。九华山因远离京城，寺庙虽有所破坏，但仍保持着佛教名山的格局。在北洋军阀和国民政府的上层人士的帮助下，九华山佛教重获新生。此时百岁宫、祇园寺、东崖禅寺、甘露寺、上禅堂、莲花寺、乐善寺并称九华山七大丛林。

2. 净土宗

净土宗也称"净宗"，是一专修往生阿弥陀佛净土的佛教法门。因其相对容易，自从唐代形成以后，被广泛接受。净土宗已传播了近两千年，在此期间，对中国文化产生了较大影响，至明代晚期，已成为中国民间佛教信仰的主流与核心。净土宗在中国的民俗生活中渗透，影响着民间文学艺术及伦理观，形成了独具特色的净土文化。

明代时，净土宗已经在九华山传播，根据《莲宗九祖传略》记载，僧人智旭主张禅教律学皆归净土，提倡净土与地藏法门兼修，曾在九华山华严庵修行，期间有《梵网合注》《全持地藏名号》等著作。后人封其为净土宗第九祖。清末，智妙随月霞听讲佛学，月霞于1914年离开翠峰华严道场后，嘱托智妙兼位。后来智妙创建心安禅寺，经历20年后，心安禅寺成为著名道场。民国时期，中闵园新建了多个茅蓬、精舍，形成了尼庵群。

在此修行的比丘尼专修净土，使闵园成为净土宗传播的集中区域。民国26年（1937年），性妙法师来九华山香山茅蓬常住，专修净土，是九华山佛教界的当今净土宗大德。新中国成立后，明心法师应仁德和尚邀请来九华山，倡导禅净双修，与宝慈、常勇被称为"九华三老"。

3. 律宗

律宗以研习和传持戒律为主，创始人道宣（唐代高僧）常住终南山，因此也被称作南山宗或南山律宗。又因其所依之律为《四分律》，也称四分律宗。戒律作为维护佛教僧团的规则很受重视。戒律在佛教典籍上属于经、律、论之一，在教义上是戒、定、慧之首。律宗最大的特点是注重宗教修持得以顺利进行的戒律。所谓戒律，是指将戒和律合并起来，泛指佛教为信徒定制的一切戒规。

律宗在唐代已传入九华山，但无专门的寺院，律僧多居于禅寺中。明正统六年（1441年），道泰任化城寺住持。道泰精通禅、律，持戒精严。清初，九华山戒坛缺人，安徽巡抚喻成龙前往浮山请兴斧和尚来九华山说法开戒。晚清时期，僧人圣传到九华山，咸丰初年（1850年）成为甘露寺住持。同治十年（1871年），圣传在广泛游历拜访名山后，回到九华山，在无相寺旧址修建茅蓬定居。后得到居士资助，重修殿宇，匾额曰"普济寺"。圣传在普济寺开坛传戒。清末以后，律宗在九华山逐渐衰落。

4. 华严宗

华严宗又称贤首宗、法界宗，是极具中国特色的佛教宗派之一，与天台宗、禅宗并称为中国三大佛教宗派。华严宗以《华严经》为根本典籍。

唐代，华严宗在九华山传播。建有华严禅寺，即现在的九子寺。陈岩在《九华诗集·九子庵》中注释：寺在碧云峰顶，即九子岩顶。明代万历年间（1573—1620年），高僧海玉到九华山，在东崖峰北侧的摩天岭，结茅而居，二十年间，抄写《大方广佛华严经》。明末，高僧智旭于崇祯十年（1637年）在华严庵（即今"回香阁"）传播华严宗，潜心研究《华严经》，在芙蓉阁建"华严大会"，宣讲《华严经》，著有《九华芙蓉阁建华严期疏》。清代，月霞是在九华山活动的比较有影响力的华严宗僧人。光绪二十四年（1898年），东崖禅寺方丈月霞和僧人普照获得资助，与印魁、通晓、可安在翠峰寺举办"华严道场"进行教育活动，钻研华严经义，受到当时佛教界的高度评价，并对九华山华严宗的传播影响深远。光绪末年（1908年前），九华山新建华严古洞和华严毗卢茅蓬。民国18年（1929年）创办江南九华佛学院，课程中有华严学。民国24年（1935年），僧人机通到九华山，新建双溪寺，创办华严道场讲学。新中国成立后，僧人宽成对华严宗研习较深。

三、儒释道三教融合

在九华山宗教文化的组成要素中，除了佛教以外，还有儒家文化与道教文化。儒、释、道三教在长期的传播过程中，相互融合与渗透，形成了九华山独特的宗教文化，在中国传统文化中具有典型的代表性。

唐宋时期，佛家与儒道文化得到了融合与发展，这在九华山的佛教中同样有所体现。作为佛教名山之一的九华山，必然在一定程度上受到了儒道文化的影响，形成了三教文化相交融的局面。

　　佛教与儒家的交融体现在：（1）儒家学者与九华山名僧之间的来往频繁。明代思想家王阳明曾游历九华山，并带动了一轮儒学热潮，通过儒佛之间的不断交流，逐渐形成了儒佛交融的现象。据记载，王阳明曾两次来到九华山，并且留下了五十余首歌咏九华山的诗歌以及"东崖晏坐"的遗迹。王阳明去世之后，其弟子在化城寺西侧修建了祭祀他的"阳明书院"。王阳明到九华山后，一方面吸取佛学的精粹，另一方面弘扬儒学的宗旨。九华山的佛教氛围促进了他思想的成熟。他在九华山传播儒学思想，建立了一系列书院、精舍，促进了佛儒之间的交融。（2）儒家与佛教思想上的交融，表现在儒家文化融入佛教。宋代高僧大慧宗杲和明代四大高僧之一的蕅益智旭将儒家的孝道和忠君爱国的思想融入九华山佛教文化。智旭在其著作《周易禅解》《四书蕅益解》中，通过孝道思想，沟通儒家与佛教。

　　道教在南北朝时期传入九华山，早于佛教，并于唐代进入兴盛期。九华山佛教对道教的宽容和吸纳体现在：（1）"道僧洞"等遗迹的存在，证明九华山僧人与道士在生活与修行过程中，共居一山，同处一室；（2）九华山的一些寺庙中同时供奉着佛像和道教神仙；（3）九华山的许多佛教活动同时也有道教的思想和文化融入其中。

　　儒释道三教交融在九华山文化体系中非常重要。

四、佛教文化的世俗性

　　九华山能成为佛教名山，且香火鼎盛的重要原因在于其三教通融的世俗性格。明清以后的佛教信仰，逐渐转向当下的现实生活。一种思想或宗教学说，只有做到真正关怀普通民众的日常食宿生活，并且具有适合各阶层民众的理解能力的传播形式，才能最大限度地对社会产生影响。九华山古代地处吴楚两国的交界处，巫傩原始信仰、原始图腾崇拜从远古就有传播，道教、儒家的文化混杂，为佛教传入奠定了民众基础。地藏文化宣传"至孝"，使民众愿意接受佛教的教化，九华山在民间形成了一系列与佛教相关的民俗文化。

参考文献

[1] 朱采堂:《九华山佛教百岁宫》,北京:作家出版社1995年版,8.

[2] [明]王一槐:《九华山志》卷二,国家图书馆微缩文献复制中心,1992年.

[3] [唐] 费冠卿. 九华山化城寺记. [清]. 董诰等编《全唐文》卷694.

[4] 王开队. 历史宗教地理学视阈下九华山佛教文化体系的建构——以寺院为中心[J]. 世界宗教研究, 2016, (05): 60-70.

[5] 何庆善. 九华山佛教考[J]. 江淮论坛, 1981, (03): 113-118.

[6] 九华山风景区地方志编纂委员会. 九华山志[M]. 合肥: 黄山书社, 2013.

[7] 引自释. 宿化城寺. 九华山风景区地方志编纂委员会. 九华山志[M]. 合肥: 黄山书社, 2013.

[8] 张高. 九华山佛教史[M]. 北京: 宗教文化出版社. 2016.

[9] 潘桂明. 九华山佛教史述略[J]. 安徽师范大学学报(哲学社会科学版), 1991, (03): 313-322.

[10] [宋]李虚己. 寄化城寺.

[11] [宋]宗杲. 游天台.

[12] 牟钟鉴, 张践. 中国宗教通史[M]. 北京: 社会科学文献出版社, 2001年1月.

[13] 张昌翔. 清代九华山佛教地理研究[D]. 安徽大学, 2015.

[14] [清]周赟. 九华山志.《化城寺僧寮图记》.

[15] 印光. 九华山志[M]. 苏州: 苏州灵岩山寺弘化社. 1938. 卷八.

[16] 李桂红. 四大名山佛教文化及其现代意义[D]. 四川大学, 2003.

[17] 朱存德. 九华胜境[M]. 北京: 团结出版社. 2001.

[18] 李玲. 中国汉传佛教山地寺庙的环境研究[D]. 北京林业大学, 2012.

[19] 刘长久. 中国禅宗[M]. 桂林: 广西师范大学出版社. 2006

[20] 魏磊:《净土宗教程·序二》. 北京: 宗教文化出版社, 1998年11月第1版.

[21] 华方田. 中国佛教宗派——律宗[J]. 佛教文化, 2005, (06): 12-16.

[22] 韩朝忠. 近代华严宗发展研究(1840—1949)[D]. 吉林大学, 2015.

[23] 李霞. 论皖江佛教传播中心与文化特质的变迁[J]. 安徽大学学报(哲学社会科学版), 2009, 33 (02): 31-36.

[24] 周佩东. 论九华山三教融通的宗教文化特色[J]. 池州学院学报, 2011, (02): 47-51.

[25] 李兴中. 论九华山佛教文化的意蕴[J]. 江淮论坛, 2002,(04): 118-121.

第 四 章

九华山寺庙景观营造历程

九华山的历史沿革，长期包含在青阳县的建制沿革之中。大禹分天下为九州，九子山属于扬州。春秋属吴地。战国吴灭属越，越灭属楚。秦属扬州鄣郡。

　　本章以历史时期为线索，对九华山的寺庙景观、景观结构、交通体系、聚落景观的营建分别进行论述。

　　九华山的景观节点以寺庙节点为主。作者根据实地调研和山志、专著、地图等资料，对九华山的寺庙节点进行梳理和定位。对于没有卫星定位的寺庙节点，根据历史地图、文献记载的位置，根据已知的节点作为参照，推断大概方位，通过实地考察、采访等方式对已废寺庙进行定位。将各个历史时期的九华山寺庙节点地图与地形地貌图进行叠加，得到九华山地区历代建设寺庙分布情况图（图4-1）。青阳县范围内，各时期新建寺

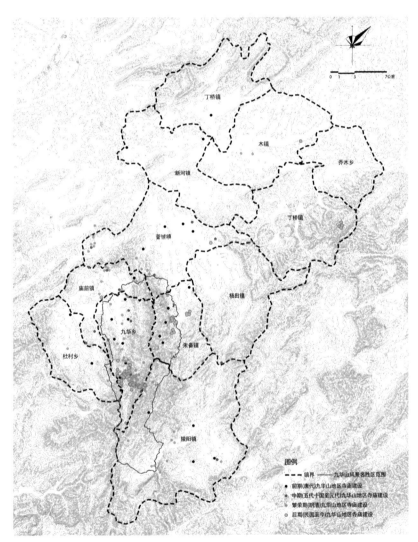

图4-1　九华山地区历代建设寺庙分布图
（图片来源：作者自绘）

庙节点数量分别为：唐代36处，五代十国至元代36处，明清291处，民国78处，新中国成立后20处。现存寺庙108处。在整个历史发展过程中，化城寺、百岁宫、祗园寺、东崖寺、旃檀林、甘露寺、肉身殿等是佛教地位突出的大型寺庙。

交通体系是九华山信众朝山的重要途径，承担着寺庙物资运输的功能，同时也是九华山重要的线形景观。道路的建设与变迁与寺庙节点的演变兴衰联系密切。本书研究的交通体系包括车行道、人行登山道、索道。九华山最早的古道形成于何时，已无从稽考。明清的史料有《游九华记》（明·刘城）、《九华山赋》（明·王守仁）、《九华山化城寺记》（唐·费冠卿）、《游九华记》（清·施润章）、《九华山记》（明·王思任）等，现代的资料有《九华山游访记》（民国·高鹤年）、《九华山志》（民国·比丘德森）、《九华山志》（2013，九华山风景区地方志编纂委员会）、九华山风景区总体规划（1986）、九华山风景名胜区规划（1979）、九华山风景名胜区总体规划（2006）、百度地图、谷歌地图等。本书对唐代至现代的资料进行收集整理，根据历代山图、文字记载，总结整理出道路的大致走向，结合现场调研和访问，以及谷歌卫星图进行校正，用GIS地理信息系统，将不同时期的交通路线绘制于统一底图。

九华山水资源丰富，峡谷溪流众多，桥梁是交通系统的重要组成部分，也是景观的关键节点。通常桥梁跨水而过，视野开阔，往往会成为极佳的观景点；此外，桥梁本身也是重要的景观节点。九华山保留有众多古桥，大多为石拱桥和石板桥（表4-1）。

表4-1 九华山古桥一览表

序号	名称	时间	长（米）	宽（米）	高（米）	地点	备注
1	渡仙桥	清光绪二十三年（1897年）	2.6	1.5		天台寺	单孔古石板桥
2	义兴桥	清光绪戊戌年（1898年）	3.9	0.8		九华乡二圣村	2块条石平桥
3	西洪桥		20	1.5		九华乡二圣村	3孔平石桥
4	伏龙桥	明万历年间（1573—1620年）				九华乡桥庵	单孔石拱桥
5	三元桥	1912年	25	3.5	3.5	九华乡戴村	4孔水泥板梁桥
6	吉庆桥	明成化年间（1465—1487年）	3		3	庙前乡华阳村	单孔小石桥
7	华阳桥	清乾隆五十五年（1790年）	12	7		庙前乡华阳村	单孔石拱桥
8	石龙口桥	清乾隆三十六年（1771年）				庙前乡华阳村	单墩平桥
9	乐成桥	清嘉庆六年（1801年）	20	7.5	7	庙前乡华阳村	单孔石拱桥
10	善心桥	清光绪甲午年（1894年）	-25	1.7	2	庙前乡六泉村	3孔石块平板桥
11	静信桥	南宋宝庆年间（1225—1233年）	5.7			青阳蓉城金冲村老庵	
12	三溪桥	清乾隆壬申年（1752年）	100	4.5	15	南阳湾三溪村	5孔石拱桥

序号	名称	时间	长（米）	宽（米）	高（米）	地点	备注
13	鲍村桥	明洪武八年（1375年）	34	5	7.3	南阳湾东河村	桥为1/2圆弧等截面实腹式3孔古石拱桥
14	金锁桥	清嘉庆年间（1796—1820年）				南阳乡南阳村	
15	老坑桥	清乾隆己丑年（1769年）				南阳乡	
16	毕家桥	清乾隆五十三年（1788年），1982年改建	70	1.32	3	青阳县蓉城镇百花村	长条石品架的10埕9孔平桥
			32	4	3.6		4孔水泥板桥
17	永安桥	南宋淳祐九年（1249年）	3.5	1.4		青阳县杜村乡长垅村	单孔平梁长条石桥
18	竹溪桥		2.7	1.7	2	青阳县东堡竹溪村	条石结构桥小石拱古桥
19	南流桥	明洪武年间（1368—1398年）	45	5	7	青阳县陵阳镇东街	3孔拱桥
20	华西桥	清乾隆五十八年（1793年）	60	7.1	0.8	青阳县庙前镇老街北端	条石结构3孔拱形桥
21	仁丰桥	明嘉靖元年（1522年）	26	1.1		青阳县杜村乡东馆村	3孔4埕长条石结构的平桥
22	虎踞桥	清乾隆年间（1736—1795年）	37	7.3		青阳县杜村乡东馆村	条石结构3孔拱桥
23	世荣桥	清嘉庆十四年（1809年）	35	1.65		青阳县杜村乡龙华村	条石结构5孔平桥
24	五溪桥	南宋庆元六年（1200年） 明景泰四年（1453年） 明万历四年（1576年）	48.4			青阳县五溪镇	3孔

资料来源：2013版《九华山志》。

第一节　兴建期——唐代

一、寺庙景观

1. 寺庙景观营建

唐代是九华山佛教初传时期，寺庙建设刚刚起步，九华街寺庙较少，仅有化城寺、龙池庵、肉身殿等；大多数寺庙集中在九华山后山（图4-2）。

自化城寺创建到唐武宗会昌灭佛的几百年时间里，九华山及周边兴建寺庙36座，包括海会寺、庆恩寺、法乐院、仙隐庵、妙峰寺、多宝寺、承天寺、崇圣寺、妙音寺、福海寺、圆寂寺、福安寺、双峰庵、九子寺、无相寺、龙池庵等（表4-2）。

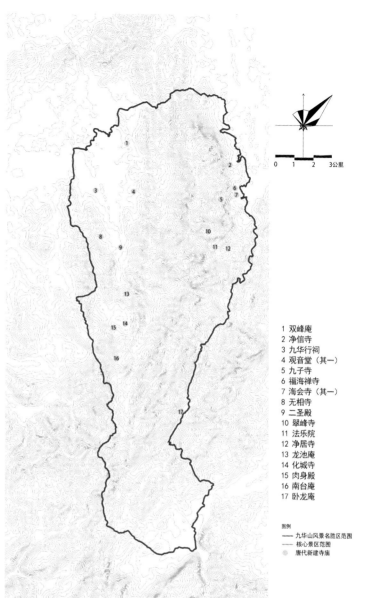

1 双峰庵
2 净信寺
3 九华行祠
4 观音堂（其一）
5 九子寺
6 福海禅寺
7 海会寺（其一）
8 无相寺
9 二圣殿
10 翠峰寺
11 法乐院
12 净居寺
13 龙池庵
14 化城寺
15 肉身殿
16 南台庵
17 卧龙庵

图例
—— 九华山风景名胜区范围
—— 核心景区范围
◎ 唐代新建寺庙

图4-2 前期（唐代）九华山
寺庙建设
（图片来源：根据著作、山志、碑
志、文献及现场踏研信息绘制，位
置无考的寺庙未在图中体现）

表4-2 唐代九华山地区寺庙建设情况及现状

序号	名称	始建年代	地址	现状
1	镇国寺	唐开元年间 （713—741年）	石台县贡溪乡	19世纪30年代遭兵毁
2	明因寺	唐开元中（约725年）	青阳县丁桥乡丁桥村	已废
3	法乐院	唐开元中（约727年）	九华后山双石岩东，今 青阳县朱备镇青峭湾	明代重建，明末废

序号	名称	始建年代	地址	现状
4	化城寺*	唐开元年间（713—741年）	九华街	清咸丰年间全寺毁于兵火，仅存16世纪建的藏经楼；清光绪年间（1875—1908年）重建四进庙宇，建筑规模延续至今
5	庆恩寺	唐天宝元年（742年）	青阳县沙济镇境内	已废
6	海会寺（其一）	唐天宝初年（约742年）	九华山双溪寺侧	湮为民宅
7	海会寺（其二）	唐天宝初年（约742年）	青阳县蓉城镇北双河口	清光绪初年废
8	仙隐庵	唐建中元年（780年）	青阳县朱备镇旗峰村鸡母山	清末废
9	南台庵	唐	平田冈下	已废
10	肉身宝殿*	肉身塔始建于唐贞元年间（785—804年）肉身宝殿始建于宋代	九华街西神光岭侧	现存木塔为清代所建，清光绪二十四年（1898年）肉身宝殿主体建筑定格为现在的样式和规模
11	龙门寺	唐贞元年间（785—804年）	位于曹山南，五台东，今青阳县杜村乡红光村境内	已废
12	妙峰寺	唐元和二年（807年）	青阳县城东南灵岩，今城东乡光明村境内	民国时废
13	戒香寺	唐元和二年（807年）	据清光绪《青阳县志》记载在十八都，近青阳县童埠乡	清咸丰九年（1859年）毁于兵火
14	多宝寺	唐大和年间（827—835年）	十一都梅山，青阳县沙济乡梅山村郑家垅	清代废
15	寿安寺	唐咸通五年（864年）	二十三都石壁山下，今青阳县丁桥乡丁桥村境内	清末废
16	翠峰寺*	唐咸通五年（864年）	青峭湾滴翠峰下、中翠峰前，今青阳县朱备乡东桥村境内	明代荒废，清代重建
17	无相寺*	唐咸通四年（863年）	九华山北麓头陀岭下，二圣殿西北	清咸丰七年（1857年）毁于兵火，同治十年（1871年）复建，"文化大革命"期间大殿被毁，仅剩残屋数间，正在复建中
18	龙池庵*	唐代	九华山北麓龙池涧西北岸，盘山石公路旁	清咸丰年间遭兵燹，光绪年间重建，1984年拆庵，1987年重建
19	妙音寺	唐广明元年（880年）	青阳城东	明崇祯十三年（1640年）重修，清末废
20	承天寺	唐光启元年（885年）	青阳县城，旧志记载在县市东南	明代废
21	崇圣寺	唐	西洪岭西灵鹤山，今青阳县庙前镇华阳村境内	清咸丰年间（1851—1861年）毁于兵火，遗址处多建有民房
22	崇兴寺	唐光启年间（883—888年）	青阳县南阳镇，与小鱼龙洞相对	明天顺年间（1457—1464年）重建，后废
23	福海禅寺*	唐景福二年（893年）	青阳县朱备乡东桥村僧家山石门口	民国时尚存，1965年尚住僧人，1967年易为民宅。1999年重建
24	慈仁寺	唐景福二年（893年）	旧志记载在二十一都，青阳县乔木、竹阳、酉华乡交界处	明代废
25	九子寺*	唐咸通至乾符年间（860—897年）	九华后山九子岩盆地，今青阳县朱备镇东桥村境内	现存老殿为清末建筑
26	云门庵	唐咸通至乾符年间（860—897年）	旧在云门峰，后移额山东碧云庵	宋绍兴年间（1131—1162年），从云门峰移庵至金冲，易名净信寺
27	净信寺*	唐咸通至乾符年间（860—897年）	碧云峰西南，笔架峰东麓黄匏城下，今青阳县蓉城镇金冲西	现存主殿石屋面阔五间，深三进，系明代建筑
28	二圣殿*	唐代	九华山北麓，九华乡二圣村境内	现存老殿为清末皖南民居式建筑，殿三间，坐西朝东，殿门面对上山古道
29	观音堂（其一）	唐代	位于真人峰北、帻峰下，今九华乡刘冲西入口处	
30	福安院	唐	在莲花峰东北、安禅峰顶，今青阳县蓉城镇杨冲村境内	明崇祯间已废，仅存石坦、石柱
31	双峰庵	唐末	九子峰下甲子岭，今九华乡拥华村与青阳县庙前镇华阳村相接之岭	已废
32	龙安院	唐	西洪岭头	拆建为民宅
33	卧龙庵	唐天佑中（约906年）	青阳县南阳湾黄石溪之牛轧岭南	明代废

序号	名称	始建年代	地址	现状
34	净居寺	唐	后山青峭湾，今青阳朱备镇东桥村境内	1940年日军侵山时烧毁，1945年重建茅蓬，后易为民宅
35	利众院	唐	中平河西四峰山东麓，今青阳县杜村乡龙华村境内	清光绪时尚存，后废
36	九华行祠*	唐德宗年间（780—805年）	九华山北麓九华乡老田村吴氏宗祠正门东侧	明弘治元年（1488年）重建，现存1间。门楣上有名士吴用之书写的"九华行祠"石碑1块，《重建九华行祠石壁庙碑记》和《乐输碑记》现仍嵌于两侧壁间

资料来源：根据著作、山志、碑志、文献及现场调研获得的信息汇总整理而成。

注："*"标记位于九华山风景名胜区范围内的现存寺院。

2．寺庙景观结构

唐代九华山寺庙以九子寺组团和九华街组团为主。景观结构由寺庙组团与线形序列构成。寺庙组团的模式是以大型寺庙为核心，小型寺庙围绕其分布，典型的组团有九华街组团和九子寺组团。其他寺庙分布相对松散，沿山路形成线形序列（图4-3）。

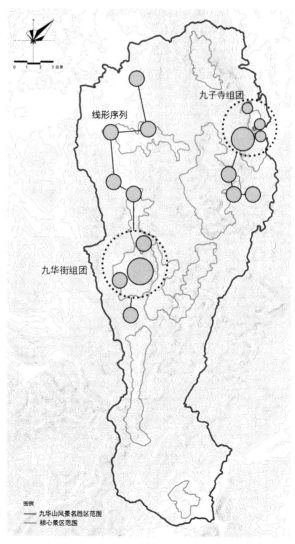

图4-3　唐代九华山寺庙景观结构
（图片来源：作者自绘）

图例
—— 九华山风景名胜区范围
—— 核心景区范围

二、交通

　　九华山自从唐代成为佛教道场后，变成"胜境层层别，高僧院院逢"的佛门圣地。僧人前来修行问道，信众结缘布施、修建寺庙，文人讲学会友、游览山水。这是古代九华山游览的开端，随着僧俗活动的增多，进山古道开始形成。

　　唐代，山民和僧众开辟了陵阳镇通往九子岩、双峰和五溪到九华街的山道。香客、游人以及物资供给大多通过这两条路上山（图4-4）。在唐代中叶，九子岩、双峰、九华街有十余座寺庙，当时已经开辟土路通行。

　　古人游九华山的最佳路线是从青阳城出发，向东到后山、龙口游览天柱峰、双峰、九子岩等景点，再到西洪岭，经过前山的莲花峰、独秀峰、狮子峰到九华街。从唐代到清代中叶，后山寺庙、古迹众多。

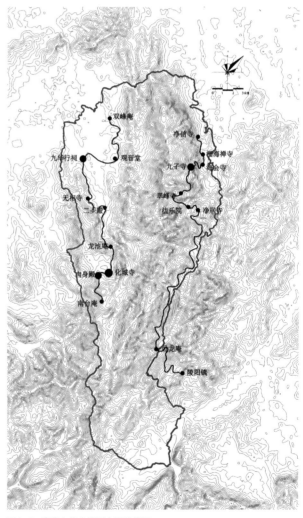

图4-4　唐代九华山推测交通路线图
（图片来源：作者自绘）

三、聚落

九华街坐落于化城盆地，兴起于唐代至德初年（约757年），当时诸葛节等捐款为金地藏买下僧人檀号住寺的旧址，兴建禅寺，后称化城寺。旧志载："九华九十九峰，独此处于山顶得平地，有溪有田，四山环绕如城"。九华街自此逐渐开始了大规模的寺庙建设。

九华后山的九子寺始建于唐代，与海会寺、福海禅寺形成寺庙组团。九子寺所在的九子岩区域是九华山佛教文化的起源地，相传金地藏自此上山，并在此修行。至今尚存金地藏第一个修行地。

第二节 发展期——五代十国至元代

一、寺庙景观

1. 寺庙景观营建

五代十国时期和宋代，由于禅宗的广泛传播和统治者的支持，九华山佛教得到了一定的发展。而元代统治者对藏传佛教的支持以及后期的战乱，九华山佛教发展进入停滞期，这一阶段九华山寺庙建设数量少且较为分散。

宋代初期，皖江地区经济的快速发展以及统治阶级和社会对佛教的认知，为九华山佛教发展提供了基础。这一时期的佛教在理论建设的同时，也注重与儒学和道教的结合。基于这一前提，九华山佛教道场建设快速发展，寺庙建设明显增多。据统计，宋代九华山及周边地区新增寺庙23座，包括兴教寺、净居寺、圣泉寺、广胜寺、永留寺、资圣庵、云龙庵、仙居庵、天台寺、曹溪寺、四峰寺、世疏庵、曹冲庵、觉安寺、金刚寺、石云庵等，连同前朝留存的寺庙，寺庙总数达到40余座。宋代朝廷对九华山的18座寺庙赐额，充分说明九华山佛教得到官方认可。元代由于统治者推崇藏传佛教，九华山佛教发展缓慢，新建寺庙包括居云庵、西峰堂、成德堂、普陀庵、大觉庵、荟龙庵等。元末的农民战争对九华山寺庙造成了极大破坏（图4-5，表4-3）。

2. 寺庙景观结构

这一时期九华山寺庙建设相对缓慢，景观结构在唐代的基础上，九华街和九子寺组团进一步建设完善。线形序列上增加了慈云阁、广胜寺、世疏庵等寺庙，丰富了线形序列的层次。宋代出现了天台寺，作为九华山寺庙的制高点，形成了空间和视线上的控制（图4-6）。

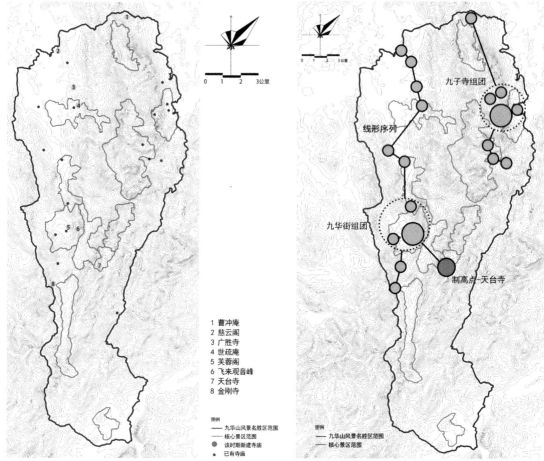

图4-5 五代十国、宋元时期九华山建成寺庙
（图片来源：根据著作、山志、碑志、文献及现场调研信息绘制，位置无考的寺庙未在图中体现）

1 曹冲庵
2 慈云阁
3 广胜寺
4 世疏庵
5 芙蓉阁
6 飞来观音峰
7 天台寺
8 金刚寺

图例
—— 九华山风景名胜区范围
—— 核心景区范围
● 该时期新建寺庙
· 已有寺庙

图4-6 五代十国、宋元时期九华山寺庙景观结构图
（图片来源：作者自绘）

图例
—— 九华山风景名胜区范围
—— 核心景区范围

表4-3 五代十国、宋元时期九华山地区寺庙建设情况及现状

序号	名称	始建年代	地址	现状
1	崇觉寺（其一）	五代后唐天成二年（927年）	十一都成墩上，今青阳县沙济镇崇觉村桥头店南	清咸丰年间（1851—1861年）毁于兵火
2	崇觉寺（其二）	五代后唐天成二年（927年）	二圣殿招隐山无相寺西	宋代宣和年间（1118年）朝廷赐额，后废
3	崇寿寺*	五代南唐升元年间（938—943年）	九华山西麓曹山北之龟山，今庙前一心村境内	1942年尚住僧人，后拆毁，2008年广隆法师任住持后，主持寺庙重修
4	卧云庵	原为唐代长庆年间（821—824年）费冠卿归隐之处，五代南唐保大年间（943—957年）高僧圆证禅居于此改名"卧云庵"	野螺峰西、天香岭南	明嘉靖《九华山志》有保真院记载，后废

序号	名称	始建年代	地址	现状
5	普光寺（其一）	五代南唐保大年间（943—957年）	旧志记载在十三都陵阳西	清咸丰八年（1858年）毁于兵火
6	广福寺	本南唐宋齐丘所居，北宋太平兴国五年（980年）改为"广福寺"	莲花峰西南征贤峰侧，旧称在覆瓯峰东麓	清代尚存，咸丰年间遭兵燹，1945年后废
7	资圣庵	北宋太平兴国中期（约980年）	九华后山五老峰侧、百丈潭西，今青阳县朱备镇境内	清陈蔚《九华纪胜》尚有记载，后废
8	云龙庵	北宋景德二年（1005年）	旧志记载在十五都，今青阳县东堡乡境内	已废
9	兴教寺	北宋大中祥符元年（1008年）	火焰山东北之龙池山，清光绪县志曰在十七都，今青阳县新河乡境内	清咸丰三年（1853年）毁于兵火
10	天台寺 *	宋	明代前，天台丛林在云峡下，面阳阿中，印信石畔。清末于天台冈与玉屏峰之间，今天台路35号	清咸丰年间毁于兵火，清光绪十六年（1890年）重建，1998年拆老殿，在此基础上重建大雄宝殿，捧日亭为清乾隆三年（1738年）建
11	圣泉寺	北宋治平元年（1064年）	龟山之魁山下，今青阳县杜村乡龙华村境内	1949年后废
12	广胜寺	相传南宋淳熙元年（1174年），也有说元祐年间（1086—1094年）	位于广胜山刘冲北，今九华乡柯村境内	清末尚存，民国初年废，遗址附近巨石隶书"寿"字尚在
13	慈云阁	南宋建炎至绍兴年间（1127—1162年）	位于甲子岭下，今青阳县庙前镇双河村境内	20世纪60年代初被拆毁
14	飞来观音峰 *	南宋建炎至绍兴年间（1127—1162年）	位于东崖小天柱峰，介于百岁宫与东崖寺之间，今缆车上站北侧	2007年大殿和附属房屋全部拆建，现为民居式寺庙
15	永留寺	南宋淳熙元年（1174年）	位于火焰山西，清光绪县志曰在十六都圣子山，今青阳县杨田乡境内	明末废
16	报德庵	南宋嘉定二年（1209年）	旧志记载报德堂在十四都，今青阳县陵阳分水岭	已废
17	芙蓉阁	南宋嘉定年间（1208—1224年）	化城寺山门东侧	毁于火，明代僧能滨重建，又毁于火，僧宗佛再重建，清康熙年间为化城寺东庑寮房之一，道光年间庵已废
18	仙居庵	南宋嘉定年间	位于九华后山百丈潭西南	已废
19	金刚寺	宋	位于后三天门，今青阳县南阳乡青圩村境内	1949年拆毁，遗址洞口上方有巨型石梁横架，洞内有石佛龛，洞旁有明代石刻
20	曹溪寺	宋	位于青阳县庙前镇六泉口	明嘉靖时寺尚存，后废

序号	名称	始建年代	地址	现状
21	明智院	宋	古仙峰下曹山西,今青阳杜村乡长垅村与贵池刘街柯村接壤处	清代废
22	四峰庵	宋	位于五溪望华亭旁,汪氏郎墓侧	明万历五年(1577年)青阳县令苏万民捐款重建,清末废
23	世疏庵	宋	位于双峰下刘冲	明嘉靖时寺尚存,后废,附近的石刻群,被列为省级重点文物保护单位
24	延华寺(三昧庵)*	南宋末年始建庵,原为唐乾宁年间(894—898年)道人赵知微所建延华观旧址	位于凤凰岭东沙弥峰,即云外峰,今九华乡桥庵村方家境内	1967年拆毁,2009年被批准登记为固定宗教活动场所
25	曹冲庵	宋	位于中莲花峰东北麓	明万历年间(1573—1620年)改名曹冲庵。清光绪时(1875—1908年)庵尚存,后废
26	觉安寺	宋	位于青阳县五溪	此寺早废
27	石云庵(下莲华庵)	宋(一说五代南唐时建)	位于莲花峰西麓	明正德初年(约1507年)重建,清光绪年间(1875—1908年)废,1946年僧人重建,1976年庵又废,今遗址处尚存石柱数根
28	西峰庵(一)	宋	旧址记载在十一都曹姓长护山之西峰,今青阳县陵阳镇谢家村	已废
29	能仁庵	宋	位于青阳县蓉城镇城郊	已废,废弃年代不详
30	慈仁庵	宋	位于青阳县蓉城镇城郊	已废,废弃年代不详
31	居云庵	元泰定二年(1325年)	九华山北麓	明万历年间(1573~1620年)尚存,后废
32	西峰堂(木瓜庵)	元泰定二年(1325年)	旧志记载在十九都木瓜山阿,今青阳县木镇黄山村境内	已废,今仅存遗址,原有碑记一块,刻有"西峰堂"三字
33	成德堂	元泰定二年(1325年)	位于二十一都羊塘冲,今青阳县乔木、竹阳、酉华交界处	明天顺年间(1457—1464年)毁于火,庆阳人方志高复建,后废
34	普陀庵	元泰定二年(1325年)	旧志记载在县六都	已废
35	大觉庵	元至顺二年(1331年)	旧志记载在县六都	不详
36	荟龙庵	元	二十一都香茹干西峰山	不详

资料来源:根据著作、山志、碑志、文献及现场调研获得的信息汇总整理而成。

注:"*"标记位于九华山风景名胜区范围内的现存寺庙。

二、交通

宋元时期，贵池—五溪—青阳—金陵，青阳—朱备—陵阳的道路围绕九华山呈扇形展开。五溪、青阳、朱备、陵阳分别有到达山麓的古道（图4-7）。宋代，五溪河通桥，由五溪进山的道路拓宽。宋人蒋子奇在《游化城寺》一诗中写道："级级跻攀险，肩舆若上天。"可见当时能乘竹舆或山轿上山。另据宋周必大《九华山录》记载，青阳城经西洪岭往九华街的古道也已拓展为宽阔的石板路，游人往来频繁。宋代，由五溪和西洪岭登临九华山的崎岖古道，铺展为宽阔的石板道，但僧众和游人都只能借宿山门，于是九华山开始出现了庙栈。

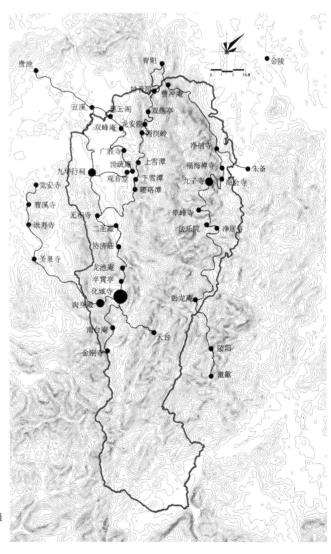

图4-7　宋元时期九华山推测交通
路线图
（图片来源：作者自绘）

三、聚落

　　该时期九华山聚落营建进程相对缓慢，元代长江中下游一带的农民战争，使池州成为主要战场之一。九华山的村落和寺庙遭到重创，山僧失去生活来源生活困难，阻碍了九华山聚落的发展。据明代成化四年（1468年）化城寺重建碑记记载："历宋逮元，寺几再兴而皆毁于兵，所存者故基余石而已。"九华山佛教衰落，接近于"归零"。元末，许多寺庙庵堂倾圮，或有庙无僧。此间寺庙、塔成为废墟，墙脚杂草丛生，道路布满荆棘。野兽和鸟类在荒废的建筑、庭院树木栖居。山中数十年钟声罕闻，一片荒凉。

第三节　兴盛期——明清时期

一、寺庙景观

1. 寺庙景观营建

　　明清时期是九华山佛教发展的繁荣时期，该时期九华山新建和重修的寺庙有天台寺、招隐寺、德云庵、真如庵、竹云庵、上庵山房、石庵、远俗山房、养真山房等30余座，形成以化城寺为中心的寺庙建筑群。至清末九华山全山寺庙达150余座，包括旃檀林、九莲庵、天然庵、天池庵、华云庵、吉祥寺、心安寺、松树庵、西竺庵等。鼎盛时期九华山地区寺庙总数达二百余座，并形成祇园寺、甘露寺、百岁宫、东崖寺四大丛林。清代九华山新建寺庙集中在清初康乾时期以及清末同治、光绪时期，地理分布呈现出以化城寺为中心，东西七十二序向四周扩张的特点（表4-4）。

表4-4　明清时期九华山地区寺庙建设情况及现状

序号	名称	始建年代	地址	现状
1	道僧洞 *	明洪武元年（1368年）	真如庵东南下方约三百里，位于青阳县南阳乡黄石村	清咸丰七年（1857年）毁于火，1950年毁于火，后僧普文在道僧洞旁建屋宇数间，目前洞洞尚存
2	护国庵 *	明洪武元年（1368年），一说万历末年僧定祥建	位于天台峰东盆地	清光绪二十五年（1899年）毁于火灾，1953年二居士常住，后废；今住持释悟乐复建二层平顶楼房十余间
3	德云庵（其一）	明洪武元年（1368年），一说万历年间僧明惠建	位于天台峰东盆地老常住东南	清咸丰年间毁于兵燹，1921年住持僧兰田重修天台石板路。1931年重修寺宇。1950年毁于火灾

序号	名称	始建年代	地址	现状
4	招隐庵	明洪武元年（1368年），一说天启二年（1622年）僧离知建	位于天台峰东盆地，真如庵东侧，今青阳县南阳乡黄石村境内	清康熙年间（1662—1722年）鲍氏再建，1911年重建，"文革"中拆毁，今遗址处存"招隐寺"碑刻一方
5	妙音寺	明洪武三年（1370年）重修	青阳城东	明洪武三年（1370年）僧智昱在青阳城西重修，嘉靖年间（1522—1566年）两位僧人会司、觉逊重修，并建一塔，崇祯十年（1637年）知县王代澄重修，清末废
6	黄荆庵	明	清光绪《青阳县志》记载黄荆庵在十一都李村	已废
7	观音庵（其一）	明洪武年间（1368—1398年）	位于九华后山，今青阳县朱备镇境内	已废
8	长生庵*	明初始建	位于九华街西、龙庵东侧	清咸丰年间（1851—1861年）被毁，同治六年（1867年）住持僧实宝重建，1966—1976年"文革"中佛像被毁，2005年按原貌对大殿进行了拆建
9	拱金阁*	明初始建	位于九华街西，今建筑公司位置，一说在今电影院南侧	清光绪十八年（1892年）重建，1938年尚存余屋数间，后废，今旧址建有住房
10	景命阁	明初始建	位于拱金阁之后，今建筑公司之后	清康熙四十七年（1708年）被泥石流冲决，经宝俱亡
11	慕仙庵	明永乐年间（1403—1424年）	位于天台峰东南之仙人峰下，即青阳县陵阳与南阳交界之仙姑峰下	明万历年间（1573—1620年）庵尚存，清道光后（1850年后）废
12	柘机庵	明成化年间	二十四都	清乾隆二十四年（1759年）重建
13	平坦寺*	明成化年间（1465—1487年）	莲花峰西麓，澜溪上	清咸丰年间（1851—1861年）被毁，僧开通募建，"文革"期间寺庙拆毁，遗址尚存，吉庆桥至今保存完好，村旁古枫尚在，2010年复建
14	九华行祠*	明弘治元年（1488年）重建	九华乡老田村	现存一间。门楣上有名士吴用之书写的"九华行祠"石碑一块，《重建九华行祠石壁庙碑记》和《乐输碑记》现仍嵌于两侧壁间
15	望华禅寺*	明弘治十四年（1501年）建玩华亭，明正德十四年（1519年）建成	玉溪桥附近	明弘治五年（1492年）建桥、亭、楼、坊；清乾隆十七年（1752年）在望华亭旁建五溪山房，20世纪末重建观音殿和大殿，后又建有观音殿、大殿月台、寺前城墙、扩建山门、望华亭和僧舍，大殿北侧山顶平台重建望华亭
16	文殊庵*	明，年代不详	下闵园文殊洞前	今尚存
17	东崖禅寺*	明	位于东崖"云舫"顶上	民国初年（约1912年）扩建，1934年1月遭火灾，仅存幽冥钟亭，1987年建圆通殿，1995年在上院旧址复建庙宇
18	神光楼	明嘉靖十三年（1534年）	金地藏塔之东	废于清末
19	灵应庵	明嘉靖年间（1522—1566年）建	旧志记载在十六都，今青阳县陵阳镇境内	清咸丰年间（1851—1861年）毁于兵火

序号	名称	始建年代	地址	现状
20	宝筏庵	明嘉靖年间（1522—1566年）建	位于天台东盆地真如庵南里许冈外	已废
21	大壁庵	明	位于十三都垅上，今青阳县南阳湾	清光绪十七年（1891年）庵尚存，后废
22	利众院	明万历五年（1577年）重建	在四峰山东麓（今青阳县杜村乡龙华村）唐代四峰庵旧址	清光绪时尚存，后废
23	阳华楼	明万历五年（1577年）	位于五溪桥西畔	已废
24	百岁宫*	明万历七年（1579年）	百岁路1号	清道光年间（1821—1850年）重修，成十方丛林；清咸丰三年（1853年）毁于兵火，光绪五年（1879年）重建，今尚存
25	青锁庵	明万历十六年（1588年）	位于青阳县成北门外	清光绪初（约1875年）废
26	文峰塔院	明万历二十五年（1597年）建	位于青阳县南阳乡鲍村南	清光绪十七年（1891年）庵尚存，后废
27	狮子茅蓬	明	位于五老峰北，狮子峰东	今石门、石墙尚存
28	祇园寺*	明	位于九华街东北、插宵峰西麓	咸丰七年（1857年）毁于兵火，同治七年（1868年）重修，光绪八年（1882年）重修，今存
29	一宿庵*	明万历三十六年（1608年）建	位于桥庵西北、二圣殿西南	1998年重修，今存
30	黄金庵	明万历壬子年（1612年）	位于下闵园凤凰岭东	1942年尚住有道人，废圮年代不详
31	净土庵（其二）	明万历四十年（1612年）	位于上闵园	清末废
32	寺基庵	明万历四十八年（1620年）	清光绪县志记载在二十四都	已废
33	天台茅蓬	明	位于天台峰东南、活埋庵东	清康熙年间（约1722年前）庵尚存，民国初年废
34	汉霄茅蓬	明	位于天台峰东南，道僧洞古道旁	清咸丰年间（1851—1861年）兵毁，今尚存石额一块于道僧洞
35	净土庵（其一）	明万历初（约1573年）	位于天台峰东门地，宝筏庵南	清末废，遗址易为茶园，其下坡为道僧洞
36	真如庵（其一）*	明万历末年（约1619年）	位于天台峰东盆地，距天台冈约二里，今青阳县南阳乡黄石村境内	1966年"文革"拆毁，1995年在天台冈东南山阿重建，民居式，坐东朝西
37	东庆庵	明	位于天台峰一线天下，护国庵北	清代废
38	东度庵	明	位于天台峰一线天下，护国庵北	清代废
39	复兴庵（其一）	明	天台冈东，印信石北	废弃年代不详
40	白云庵	明万历年间（1573—1620年）	天台冈东，印信石北复兴庵下	1950年拆毁
41	九如庵（其一）	明	天台冈东，印信石北复兴庵、白云庵之下，狮子坞中	废弃年代不详
42	碧云庵	明	天台冈东，狮子坞中	废弃年代不详

序号	名称	始建年代	地址	现状
43	狮子洞		天台冈东，狮子坞中	
44	五里亭	明	天台峰东盆地东南五里处	20世纪50年代毁
45	扑云庵	明万历年间（1573—1620年）	位于罗汉墩	废弃年代不详
46	观音堂茅蓬	明	位于罗汉墩	民国初年（约1912年后）废
47	一棵松茅蓬	明	位于罗汉墩	民国初年（约1912年后）废
48	清水潭庵	明万历年间（1573—1620年）	旧志记载在九都，莲花峰西麓清水潭，今青阳县庙前镇华阳村境内	已废
49	考坑庵	明万历年间（1573—1620年）	旧志记载在十三都考坑山，今青阳县南阳乡与贵池、石台两市县交界处	清光绪十七年（1891年）庵尚存，后废
50	莲华洞（上莲花庵）	明	在上莲华峰东	现存
51	安福院（中莲花庵）	明	位于中莲花峰西北	现存遗址
52	石云庵（下莲花庵）	始建年代不详。明正德初（1506年）重建	中莲花峰北，下莲花峰	后废，遗址前存石柱数根
53	大桥庵	明万历年间（1573—1620年）	位于九华山北麓一天门下、伏龙桥头	1976年修筑二圣至九华街公路时拆除
54	小桥庵	明	大桥庵之北，华安酒店西南下方桥头	废弃年代不详
55	竹泉庵	明万历年间（1573—1620年）	在青阳县东三十里师姑井	废弃年代不详
56	观云庵	明		废弃年代不详
57	宁一庵	明天启元年（1621年）	位于青阳县城城东	清代中叶废
58	大碧庵	明天启元年（1621年）	位于青阳县南阳湾垅上	已废
59	龙庵*	明	位于九华街西段	咸丰年间（1851—1861年）毁于兵火，光绪年间（1875—1908年）复兴，1931年在西侧新建新龙庵，今存
60	福庆庵	明天启二年（1622年）	位于青阳县陵阳分水岭	清代废
61	瑞应庵	明天启年间（1621—1627年）	位于青阳县东堡乡境内	清代废
62	张公庵	明天启年间（1621—1627年）	旧志记载在十八都	今存遗址
63	小庵	明	邃谷岩	已废
64	永享庵	明崇祯四年（1631年）	位于青阳县五溪永享桥旁边	清光绪十七年（1891年）庵尚存，后桥、庵皆废
65	富阳庵	明崇祯五年（1632年）	位于青阳县城东门富阳桥头	清咸丰年间（1851—1861年）毁于兵燹，光绪五年（1879年）重建，后废
66	紫云庵	明崇祯六年（1633年）	位于青阳城西门外官山边	已废

序号	名称	始建年代	地址	现状
67	证法庵	明崇祯七年（1634年）	青阳县城东门外九朗墩	民国年间（1912—1949年）废
68	骑龙庵	明崇祯七年（1634年）重建	旧志记载在十九都，骑龙山在县东北三十里	清咸丰年间（1851—1861年）毁于兵燹，重修
69	三溪口庵	明崇祯八年（1635年）	旧志记载在十三都，今青阳县南阳乡三溪口	清代废
70	回香阁	明	位于东崖南端的华严岭头	清咸丰年间（1851—1861年）毁于兵燹，后复建，1979年拆毁大殿，今存寮房数间，1998年原大殿旧址建华严宝殿
71	准提庵（其一）	明崇祯十二年（1639）	位于拾宝岩，今青阳县蓉城镇杨冲村境内	清顺治十三年（1656年）重修，咸丰七年（1857年）毁于兵火，光绪七年（1881年）重建，清末废
72	大慈庵（其一）	明崇祯十四年（1641年）建	旧志记载在十七都火焰山，今青阳县城东乡新中村	清代废
73	嵩灵庵	明崇祯十四年（1641年）建	旧志记载在乌旧山，昔乌旧祖师道场	古塔尚存
74	上禅堂	明	位于神光岭东南的半山腰	清咸丰年间（1851—1861年）毁于兵火，清同治年间（1862—1874年）重建，1987年重修，现存殿宇为清末民居式建筑
75	大厦庵	明	位于化城寺西侧	1983年重修，1987年扩建
76	菩提阁	明	位于化城寺东侧	清乾隆年间被毁，同治十一年（1872年）重建，光绪年间重修，2007年重修大殿
77	太极洞	明	位于天台峰北，罗汉墩西下	清代废
78	千佛阁	明	位于九华街化城寺东	清末废
79	永庆庵	明	位于九华街白马亭北坡	1966年拆除，改建为民房
80	九龙庵	明末	位于九华街西、神光岭东南麓	1978年拆庵改为九龙旅社，现为九华镇政府驻地
81	报国庵	明末	位于九华街西、上禅堂下方	1940年日军侵犯九华山时庵堂被炸毁
82	九子阁	明	位于九华山化城寺东	已废
83	神秀庵	明	位于龙池庵上首	1940年日军侵犯九华山时烧毁，1949年拆毁
84	华阳寺	明	位于西洪岭下之华阳桥畔，今青阳县庙前镇境内	清光绪十七年（1891年）尚有僧人居住，1953年拆毁
85	海慧庵	明，一说清咸丰年间建	位于西洪岭下，今青阳县庙前镇华阳村	清咸丰年间（1851—1861年）毁于兵燹，庵址今兼有乔觉禅林
86	心庵	明，一说清咸丰年间建	位于西洪岭下，今青阳县庙前镇华阳村	清光绪二十七年（1901年）尚存，1938年后废
87	华云庵	明	位于天台峰西麓，慧居寺上方	1949年后废
88	印月庵	明	位于青阳县蓉城镇东门外	清乾隆年间（1736—1795年）重修，后废
89	娑罗庵	明	青阳蓉城镇南	已废
90	水醇庵	明	青阳陵阳镇所村	明万历年间（1573—1620年）尚存，后废

序号	名称	始建年代	地址	现状
91	隐灵庵	明	青阳县杨田埂龙王山	已废
92	太极庙	明	青阳县扬田乡境内	已废
93	云路庵	明	旧志记载在十三都，今青阳县陵阳镇所村	清光绪十七年（1891年）尚存，后废
94	天花庵（其一）	明	九华山后山文殊庵东北，狮子峰前，青阳县朱备镇境内	清康熙年间（1662后）废
95	九华庙	明	青阳县龙山水口前，今南阳乡境内，旧志记载在十三都垅上水口前	清光绪十七年（1891年）尚存，后废
96	九龙庙	明	十三都九龙山后，今青阳县南阳乡三溪口	清咸丰八年（1858年）毁于兵火
97	三官堂	明	旧志记载在十三都鲍姓水口文峰侧，今青阳县南阳乡垅上	清光绪十七年（1891年）尚存，后废
98	普光寺（其二）	明	青阳县南阳乡塔儿岭卫林庵西	清光绪十七年（1891年）尚存，后废
99	卫林庵	明	旧志记载在十三都普光寺东，今青阳县南阳乡塔儿岭西麓	清光绪十七年（1891年）尚存，后废
100	长松庵	明	青阳县南阳湾	清光绪十七年（1891年）尚存，后废
101	望福庵	明	旧志记载在十三都七溪河上游，今青阳县南阳乡境内	清光绪十七年（1891年）尚存，后废
102	宝华阁	明	青阳县驾虹桥处，今南阳乡境内	清光绪十七年（1891年）尚存，后废
103	福圆庵	明	旧址记载在十三都柯冲岭首，今青阳县南阳乡境内	清咸丰八年（1858年）毁于兵火
104	华云庵（其二）	明	旧志记载在十三都鹤庙东，今青阳县南阳乡境内	清末废
105	曲水禅房	明	旧址记载在十三都南阳湾关圣庙侧，今青阳县南阳乡境内	清光绪十七年（1891年）尚存，后废
106	观音堂（其二）	明	旧志记载在十三都南山，今青阳县南阳湾狮子山	清光绪十七年（1891年）尚存，后废
107	观音堂（其三）	明	旧址记载在十三都狮子山，今青阳县南阳乡	清咸丰年间（1851—1861年）兵毁大半，后废
108	观音堂（其四）	明	旧址记载在十三都湾里，今青阳县南阳湾	清光绪十七年（1891年）尚存，后废
109	松树庵 *	明	青阳县杜村乡长垅村	今存
110	潘冲庵	明	旧址记载在八都，今杜村乡西馆村西潘冲	清光绪十七年（1891年）尚存，后废
111	西峰庵（其二）	明	旧志记载在十八都中村	已废
112	万寿庵（其一）	明	旧志记载在黄荆塔，据县东六十里二十一都境	已废
113	永护庵	明	在慈仁寺西	废弃年代不详
114	慈云庵	始建于明末，继成于清初	九华街	已废
115	广福庵	清顺治二年（1645年）	旧志记载在十一都，今青阳县沙济镇谢家村	已废

序号	名称	始建年代	地址	现状
116	青云庵（其一）	清顺治六年（1649年）	青阳县东门外双河口	已废
117	九如庵（其二）	清顺治六年（1649年）	青阳县蓉城镇北双河口	清中叶废
118	大士阁	清顺治七年（1650年）	铜陵市大通镇南	1954年毁于水灾，1998年将慈林精舍迁往大士阁旧址
119	望华庵（其一）	清顺治七年（1650年）	西洪岭下	已废
120	龙树庵	清顺治八年（1651年）	青阳县南十五里柏家桥河渚间	已废
121	普渡庵	清顺治十二年（1655年）	旧志记载在十九都峡山口	已废
122	大胜庵	清顺治十二年（1655年）改瘟庙为大胜庵	青阳县西郊外百步许	清同治十二年（1873年）合邑重修，已废
123	娑罗舍	清顺治十三年（1656年）	青阳县南门外	已废
124	甘露寺	清康熙年间	位于九华山北麓定心石下	清同治四年（1865年）住持僧法源重修；民国初年（1912年后），遵佛制添建殿宇；1956、1983年重修
125	万寿庵（其二）	清康熙五年（1666年）	旧志记载在十九都二甲	已废
126	大山庵	清康熙七年（1668年）	青阳县五溪西南	清末废
127	望华庵（其二）	清康熙七年（1668年）	旧志记载在十九都	已废
128	望华庵（其三）	清康熙年间	青阳县东二十里仓儿坞山	已废
129	望华庵（其四）	清康熙年间	青阳县东二十五	已废
130	云华庵	清康熙四十四年（1705年）	在十三都塔儿岭	兵毁
131	天华庵（其二）	清康熙四十五年（1706年）	位于青阳县南阳乡塔儿岭	清咸丰年间（1851—1861年）兵毁
132	凤林庵	清	天台冈东路	已废
133	活埋庵（天华庵其三）	清康熙五十九年（1720年）	旧志记载在十一都天台山之南槎。天台冈、面对真人按剑峰（似为蜡烛峰）	已废
134	音堂庵	清康熙年间（1662—1722年）	位于甘露寺上方，即南面山坡上	康熙三年此庵房屋、基地山场出售给甘露寺
135	龙王殿	清康熙年间（1662—1722年）	甘露寺东首	清康熙十三年（1674年）僧永柱将庵房、田地出售给甘露寺
136	涌泉亭庵	清康熙年间（1662—1722年）	龙池庵东下，今道班处	清乾隆十一年至五十三年（1746—1788年）庵房屋、田地及山场出售给甘露寺
137	九莲庵	清康熙年间（1662—1722年）	位于九华街南、大定庵西，旃檀林东侧	1950年拆毁。现旧址处有苗圃周边石坂尚存
138	大定庵	清康熙年间（1662—1722年）	九华街东南、九莲庵东北	1925年姜孝维《九华指南》记载"仅存遗址"。现旧址处建有钟楼饭店

序号	名称	始建年代	地址	现状
139	立庵*	清	九华街东端	清咸丰年间（1851—1861年）兵毁，同治年间（1862—1874年）重修，今存
140	通慧庵*	清	东崖西麓、九华街东南	咸丰年间（1851—1861年）毁于兵火。光绪七年（1881年）重建。今存
141	万佛庵*	一说清道光年间僧能圆创建	祇园寺至百岁宫半山处甘泉书院遗址上方	1988年僧德来重建老庵，三间两层
142	天池庵*	清康熙年间（1662—1722年）	东崖西麓	1987年庵堂失火，南边庵堂烧毁。僧众礼请岳藏法师住持，重修殿宇
143	木莲庵	清	九华街化城寺东	民国初（1912后）废
144	聚龙寺*	清	位于九华街北岭头原三天门处。	清末庵被毁后，复建，1929年后募修大雄宝殿，1990年恢复，今存
145	环翠庵	明末清初	位于飞来石下	废圮年代不详
146	万寿寺（万寿庵其三）	清	位于九华前山二圣殿至九华街途中望江亭下、半霄亭上	已废
147	天然庵	清同治七年（1868年）	化城寺东侧、芙蓉阁北	1986年旧址易为东崖宾馆职工宿舍。后辟开虎形山东南为宾馆公路
148	绿云庵	清	位于东崖下院西南、菩提阁后	1919年庵尚存，1934年后废，后旧址易为民房
149	三昧庵	清	九华街斗提阁东北，绿云庵东南，位置即今东崖宾馆西楼	已废
150	宝积庵	清初	九华街化城寺西，根据清光绪《九华山志》化城寺东西两寮图，宝积庵在大廈庵西南，与大廈庵毗邻。庵西有路至阳明祠。庵东南有路与海渡庵（今文化馆）相隔。今档案馆南之广播电视台为其旧址	20世纪40年代废
151	雨花庵	清	九华街化城寺西	光绪年间（1875—1908年）庵犹存。后废
152	佛陀里	清	九华街化城寺西、海渡庵南	1940年日军侵山时烧毁。20世纪70年代易为工艺厂，后工艺厂迁出。建筑由社区管理。今旧房尚存，岌岌可危
153	旃檀林*	清康熙年间（1662—1722年）	九华街西南	1994年寺院住持拆旃檀林老大殿移建至琵琶形西侧，老大殿等原址建大悲宝殿、华严宝殿和大愿宝殿
154	海渡庵	清康熙年间（1662—1722年）	九华街化城寺西、佛陀里北	1984年九华山管理处拆建为九华山文化馆
155	观音庵（其二）	清	位于九华街西、上禅堂下方	已废
156	石芝庵	明末清初		已废
157	云瑞庵	明末清初		已废
158	六度山房	明末清初		已废
159	归云庵	明末清初		已废
160	从心庵	明末清初		已废

序号	名称	始建年代	地址	现状
161	普济庵（其一）	明末清初		已废
162	六度庵	明末清初		已废
163	东华庵	明末清初		已废
164	一心庵	明末清初		已废
165	宝林庵	明末清初		已废
166	吉祥庵	明末清初		已废
167	大观楼	明末清初		已废
168	乐山庵	明末清初		已废
169	正变庵	明末清初		已废
170	万竹庵	明末清初		已废
171	云居庵	明末清初		已废
172	秀水庵	明末清初		已废
173	华严庵	明末清初		已废
174	准提庵	明末清初		已废
175	极乐庵	明末清初		已废
176	白云庵	明末清初		已废
177	暹罗庵	明末清初		已废
178	铁佛殿	明末清初		已废
179	鹿野庵	明末清初		已废
180	华严堂	明末清初		已废
181	东胖庵	明末清初		已废
182	万松庵	明末清初		已废
183	旧华居	明末清初		已废
184	古佛庵	明末清初		已废
185	广济茅蓬*	清康熙年间（1662—1722年）	位于神光岭南、上禅堂下方	1995年重建大殿，今存
186	老虎洞（地藏庵）*	清乾隆初年（1736年后）	位于摩天岭棋盘石下	1973年庵倾颓拆毁，2009年重建大殿
187	圣庵	清	十八都赵栗山下	已废
188	伏岭庵	清	十八都狮子山	咸丰九年（1859年）兵毁。同治六年（1867年）重建佛殿茶亭
189	官禄林	清乾隆三十六年（1771年）	旧志记载官禄林在化城寺西官禄山阳	清光绪十七年（1891年）废圮
190	三官殿	清乾隆三十九年（1774年）	东阳桥侧	已废
191	关帝庙（其一）	清乾隆五十年（1785年）	青阳县东三十里芭芒埂地	兵毁，光绪十五年（1889年）重建
192	金霞寺	清乾隆五十四年（1789年）	金霞寺在十三都，与金霞山对峙，今青阳县南阳乡境内	清咸丰十一年（1861年）兵毁，未修

序号	名称	始建年代	地址	现状
193	关圣殿（天台下院）*	乾隆五十五年（1790年）	位于青阳县庙前镇	民国7年（1918年）重修；抗日战争期间炸毁；1947年重修；1998年，天台寺住持僧宏学恢复关圣殿
194	宝峰庵	清	位于九华街	清乾隆年间（1736—1795年）庵尚存。后废
195	白鹤庙	清	位于云峰绝顶，旧志记载在十三都	已废
196	石龙庵	清	在县西南二十里，西洪岭头西南五里，今庙前镇华阳村	清末已废
197	心斋庵	清	位于九华街西、拱金阁南首	清乾隆年间（1736—1795年）庵犹存。后废
198	横陪庵	清道光二年（1822年）	旧志记载横陪庵在八都上阳，今青阳县杜村乡五阳村	光绪十七年（1891年）庵犹存。后拆毁
199	古月庵	清道光二年（1822年）	位于九华乡二圣赵村	已废
200	黄山寺	清道光十九年（1839年）重修	青阳县东三十里	已废
201	白云庵（其三）	清道光二十二年壬寅（1842年）	旧志记载白云庵在十三都南峰尖下，今青阳县南阳乡境内	清光绪十七年（1891年）庵尚存。后废
202	下禅堂（阴骘堂）	清	建于下禅堂旧址，位于九华街东，今太白书堂南侧。石板道西有"莲花世界坊"，位置约在古银杏树侧	清咸丰年间（1851—1861年）兵毁后僧道铠复兴，已废
203	一心茅蓬*	清咸丰年间（1851—1861年）	位于中闵园接引庵东北、龙溪东畔	1928年毁于火灾，2004年，尼慧莲在旧址复建殿堂、寮房
204	永胜庵	清同治初年（约1863年）僧开明复建	九华乡二圣村永胜桥边	民国时已废
205	幽冥钟亭*	清同治九年（1870年）	位于东岩"云舫"西侧	是1934年东崖上院火毁后的唯一建筑
206	低岭庵*	清同治年间（1862—1874年）	位于贵池墩上低岭村，与青阳县五溪镇毗邻	1949年庵废。近年，住持观藏在原址重建三间平房
207	净慧庵	清同治年间（1862—1874年）	位于九华街南芙蓉峰。一说在地藏塔下，即洗手亭，下有定心泉	清末废
208	莲华寺*	清光绪初年（1875年后）	位于铜陵市大通镇和悦洲二街澄子巷口	1938年"焦土抗战"，寺毁。近年部分恢复重建
209	佛陀岭庵	清光绪初年（约1877年）	旧志记载佛陀岭庵在七都，今青阳县杜村乡碗口村，西抵贵池境	已废
210	西竺庵*	光绪九年（1883年）	位于甘露寺西边山腰处、日照峰东南，今九华乡桥庵村西竺队。从桥庵经西竺，至风形队屋有山岭，庵在岭中段	今存
211	观音阁	清光绪十年（1884年）；一说明末建	位于庙前河滩里，今青阳县庙前镇双河村境内	1960年后拆毁
212	水府庙	清	位于青阳县蓉城镇南大街承天巷后	已废
213	十宝山	清	不详	已废

序号	名称	始建年代	地址	现状
214	清云庵	清	不详	已废
215	大岭头	清	位于九华山大岭	已废
216	心安寺 *	清光绪二十八年（1902 年）	于九华山后山文殊峰东侧（青阳县朱备镇将军村与东桥村交界处）	现存殿宇建于1933年
217	吉祥寺 *	清光绪三十二年（1906 年）	位于天台峰西、慧居寺上首	1991年尼圣真住持时原寺已毁，寺北仅存一过路亭。2009年圣真重建大雄宝殿、韦陀殿
218	龙庵寺	清光绪年间（1875—1908年）	西洪岭	已废
219	海慧寺 *	清光绪年间（1875—1908年）	位于中闵园慈佛精舍东侧、药师茅蓬北边	1928年重修，今存
220	翠云庵 *	清光绪年间（1875—1908年）	位于天台峰西、小狮子峰东下山谷	今存
221	华严洞 *	清光绪末年（1908 年前）	中闵园东北华严毗卢茅蓬东上侧，西邻海会寺	今存
222	半山亭 *	清光绪年间（1875—1908年）重建	位于九华山凰蟠岭，今青阳县杜村乡团结村荷叶坑	今僧人易亭为庙。2015年住持果舟拆老殿，在原址建大殿、地宫
223	石堂庵	清光绪年间（1875—1908年）	位于青阳县杜村乡新风村白云山西侧山腰	已废，1990年僧圣航重建观音殿，后续建韦陀殿、山门殿
224	东崖下院 *	清末	位于化城寺东，今东崖宾馆正庭	1980年改建为东崖宾馆。现存5层楼宇
225	百岁宫下院	清宣统三年（1911 年）	位于九华街北大门入口处、迎仙桥西，东与祇园寺隔溪相对	1967年大殿毁于火灾，仅存配殿，1997年重建
226	复兴庵（其二）	1911年建	位于天台峰西、吉祥寺上方	今存
227	罗汉墩 *	清初	位于天台岗东北	1995年复建
228	大悲院（其一）*	清	大台西北、吊桥至花台石板道北侧	今存，1996—1997年在庵前新建韦陀殿
229	拜经台 *	清	位于天台峰西侧峰谷平台	1982年重修庵堂，1993年拆老殿，建新殿
230	观音峰上院 *	清	位于天台峰西、吊桥上方、拜经台西侧	今存
231	慧居寺 *	清	位于天台峰西麓、中闵园东	1938年重建大殿，扩建，始具丛林规模，今存
232	灵官殿 *	清末	位于肉身殿下方东侧，北与十王殿毗邻	今存
233	净土庵（其三）	清	位于九华街白马亭上方	1978年收归九华山佛教协会管理，1984年尼传真维修老殿
234	接引庵	清代（一说建于1921 年）	位于华严岭东麓、通天桥北	今存
235	观音庵（其三）	清	位于青阳县庙前镇华阳村华阳桥边	已废
236	观音庵（其四：观自茅蓬）*	清末	位于中闵园上至慧居寺、下至华严洞石板道的交叉口	1949年后毁。1993年比丘尼大智在原址重建庵堂。2006年易名观自茅蓬。2015年扩建
237	九莲禅寺 *	清末	位于青阳县朱备镇东桥村僧家山麓，与双溪寺毗邻	今存

序号	名称	始建年代	地址	现状
238	乔觉禅林	一说始建于清代	原址为海慧庵。位于九华山北麓西洪岭下，青阳县庙前镇华阳村境内	清咸丰年间（1851—1861年）兵燹，民国初年（1912年后）章氏募修
239	德云庵（其二）	清	旧志记载德云庵在九都六泉口外，今青阳县庙前镇	1940年被日军炸毁
240	凤栖庵	清	位于青阳县庙前镇六泉口、曹溪寺西	1938年庵犹存
241	万缘庵	清	旧志记载万缘庵在九都六泉口，今青阳县庙前镇原六泉口亭东	1938年庵犹存。后废
242	回龙庵	清	位于青阳县五溪桥畔	1938年庵犹存。后废
243	西甘露庵	清	位于青阳县五溪桥西	1937年庵犹存。后易为民宅。已废
244	通华庵	清	位于青阳县五溪镇	曾易为民宅。已废
245	云溪寺	清	位于青阳县五溪镇	1945年有僧居住。已废
246	关圣寺	清	位于青阳县五溪镇	1943年尚存
247	西耒庵	清	位于杜村乡西馆村上首（一说位于庙前镇）	清光绪十七年（1891年）庵犹存
248	天竺寺	清初	位于八都冈西山，今杜村乡境	1933年住持僧妙行重修。后废
249	观音堂（其五）	清顺治元年（1644年）	旧志记为："位于县西南昌儒乡（今青阳杜村乡）。"	清乾隆四十三年（1778年）徐闻羽中重修。光绪十七年（1891年）仅剩遗址
250	清凉庵	清	位于天台峰西麓小狮子峰前，庵后有长生古洞	已废
251	平田寺	清	位于芙蓉峰南平田冈	清光绪十七年（1891年）寺尚存。后废
252	法云庵	清	位于九华山山南之大岭上	清光绪十七年寺（1891年）尚存。后废
253	圣指庵	清	位于九华山南麓	已废
254	正天门	清	在十三都	已废
255	一天门	清	在十三都（今青阳南阳乡清圩村长圩岭松木桥下）	清光绪十七年（1891年）寺尚存。后火毁，僧心来复修
256	二天门	清同治年间（1862—1874年）	古二天门庵在十三都山主鲍宁安倡建佛殿、凉亭。位于七贤峰分水岭	1942年尚存
257	三天门	清	位于平田冈南、转身洞之东	1958年后废。今改为南阳林场
258	印心庵	清	头天门古刹印心庵，在十三都九华山麓（今青阳南阳乡清圩村长圩岭悠栏圩）	庵堂兵燹在咸丰、同治年间，重建后又废。今仅存一过路亭
259	永丰庵	清	位于九华乡二圣村永丰桥边	1942年尚存
260	拥华阁	清	位于九都鲍村上首，今九华乡拥华村田畈鲍	清光绪十七年（1891年）庵尚存。后废
261	善庆庵	清	旧志记载善庆庵在九都桐村，今九华乡拥华村	清光绪十七年（1891年）庵尚存。后废
262	狮子林庵	清	位于九华乡柯家陇。清代当地柯姓捐建	1942年住持僧法慧。后废
263	娘娘庙	清	位于青阳县庙前镇	已废

序号	名称	始建年代	地址	现状
264	观音寺	清	位于甲子岭，今青阳县庙前镇华阳村与九华乡拥华村交界处	1942年住持尼明善。后废
265	文殊庵（吉祥禅院）*	清	位于九华后山狮子峰东北	原殿毁，存条石墙基，1996年重建
266	三慧庵	清	九华后山五老峰南	已废
267	接引殿 *	清	位于祇园寺迎仙桥旁	今存
268	水月庵	清	位于化城寺至塔院的路旁闵公井边，庵旧址约在普同塔，今闵公殿附近	1934年庵尚存。后废圮
269	云峰台	清	位于罗汉墩	已废
270	长护庵	不详	旧志记载长护庵在十四都分流岭下，今青阳县陵阳分水岭	废于清末
271	万福庵	清	位于青阳县蓉城镇西南	已废
272	祝圣庵	清	位于青阳县蓉城镇东	已废
273	石山寺	清	在十九都金鸡山	已废
274	青莲庵	清	在十一都乌木桥之南	已废
275	清源庵	清	在二十一（都）天峰山东	已废
276	水岭庵	清	在十三都	已废
277	莲子庵	清	七都忘机山。庵前万山庵	已废
278	万山庵	清	在七都忘机山。庵在莲子庵前	已废
279	火神殿	清	在北门外青锁桥东	清咸丰年间（1851—1861年）兵燹
280	枫林庵	不详	十四都分流岭下	民国时期庵尚存，后废
281	百岁庵	不详	十四都梅村党境内。在分水岭	民国时期庵尚存，后废
282	聚神寺	不详	在石村	已废
283	栋青庵	不详	在十八都，距城东十五里	清咸丰十一年（1861年）兵燹。址存
284	真如庵（其二）	不详	在十九都湟仪陇，距县二十五里	已废
285	曹家滩庵	不详	十九都，县东二十五里	已废
286	武圣宫	不详	在县东二十五里木镇街口	兵燹，同治年间（1862—1874年）众姓合建
287	拥华庵	不详	县东二十五里，在木镇街后	已废
288	丰乐庵	不详	丰乐庵在二十四都黄狮铺	兵燹，址存
289	查河铺庵	不详	查河铺庵在十八都查河铺	清咸丰十年（1860年）兵燹
290	衙基庙	不详	在县东南二十里	清咸丰年间（1851—1861年）兵燹。存址。光绪十六年（1890年）王国佐裔重修
291	盛公庵	不详	盛公庵在十九都洪山之阴	已废

资料来源：根据著作、山志、碑志、文献及现场调研获得的信息汇总整理而成。

注："*"标记位于九华山风景名胜区范围内的现存寺庙。

明清时期九华山景观节点组团有三种类型：大型组团、小型组团、线形组团。这三种组团通过香道相互串联、组合、变化，形成整体的景观格局。中心型组团通常以大型寺庙为核心，小型寺庙依附大型寺庙形成紧密结合的组团，如九华街化城寺组团。小型组团往往是若干中小型寺庙聚集在一起，如老常住—正常住—中常住组团。线形组团是指由一条香道串联若干寺庙形成的线形景观序列，例如回香阁—天台的线形序列（图4-8、图4-9）。

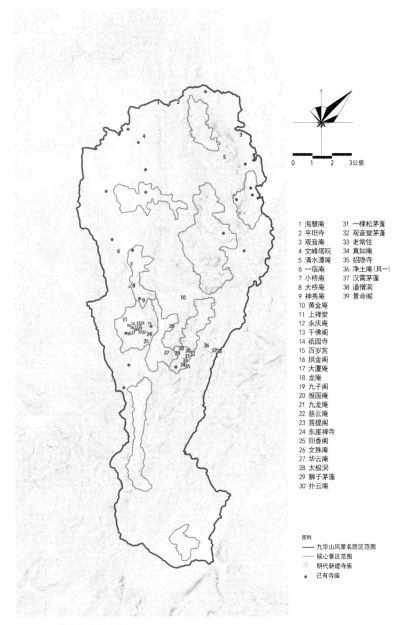

1　海慧庵　　　31　一棵松茅蓬
2　平坦寺　　　32　观音堂茅蓬
3　观音庵　　　33　老常住
4　文峰塔院　　34　真如庵
5　清水潭庵　　35　招隐寺
6　一宿庵　　　36　净土庵（其一）
7　小桥庵　　　37　汉霄茅蓬
8　大桥庵　　　38　道僧洞
9　神秀庵　　　39　景命阁
10　黄金庵
11　上禅堂
12　永庆庵
13　千佛阁
14　祇园寺
15　百岁宫
16　拱金阁
17　大厦庵
18　龙庵
19　九子阁
20　报国庵
21　九龙庵
22　慈云庵
23　菩提阁
24　东崖禅寺
25　回香阁
26　文殊庵
27　华云庵
28　太极洞
29　狮子茅蓬
30　扑云庵

图例
——— 九华山风景名胜区范围
——— 核心景区范围
○ 明代新建寺庙
● 已有寺庙

图4-8　明代九华山建成寺庙
（图片来源：根据著作、山志、碑志、文献及现场调研信息绘制。位置无考的寺庙未在图中体现）

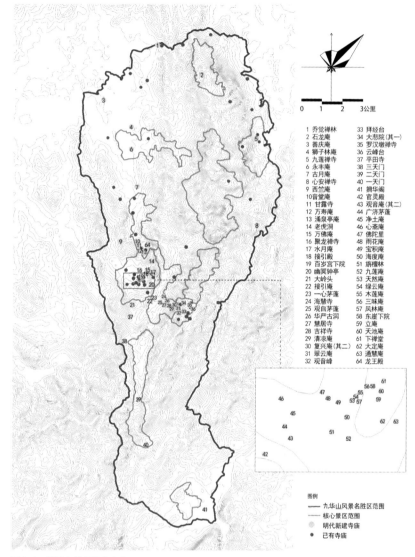

图4-9 清代九华山建成寺庙
（图片来源：根据著作、山志、碑志、文献及现场调研信息绘制。位置无考的寺庙未在图中体现）

图例中名单：

1 乔觉禅林　　33 拜经台
2 石龙庵　　　34 大悲院（其一）
3 善庆庵　　　35 罗汉墩禅寺
4 狮子林庵　　36 云峰台
5 九莲禅寺　　37 平田寺
6 永丰庵　　　38 三天门
7 古月庵　　　39 二天门
8 心安禅寺　　40 一天门
9 西竺庵　　　41 拥华阁
10 音堂庵　　42 官灵殿
11 甘露寺　　43 观音庵（其二）
12 万寿庵　　44 广济茅蓬
13 涌泉亭庵　45 净土庵
14 老虎洞　　46 心斋庵
15 万佛庵　　47 佛陀里
16 聚龙禅寺　48 雨花庵
17 水月庵　　49 宝积庵
18 接引殿　　50 海度庵
19 百岁宫下院 51 旃檀林
20 幽冥钟亭　52 九莲庵
21 大岭头　　53 天然庵
22 接引庵　　54 绿云庵
23 一心茅蓬　55 木莲庵
24 海慧庵　　56 三昧庵
25 观自茅蓬　57 凤林庵
26 华严古洞　58 东崖下院
27 慧居寺　　59 立庵
28 吉祥庵　　60 天池庵
29 清凉庵　　61 下禅堂
30 复兴庵（其二）62 大定庵
31 翠云庵　　63 通慧庵
32 观音峰　　64 龙王殿

图例
—— 九华山风景名胜区范围
—— 核心景区范围
〇 明代新建寺庙
● 已有寺庙

2．寺庙景观结构

明代九华山景观节点建设主要集中在九华街和前山，形成了以化城寺为核心的九华街组团、前山山脊线上的百岁宫线形组团；天台东盆地形成了老常住—正常住—中常住组团。清代九华山寺庙在九华山继续增加，康熙年间在九华街组团继续扩大，形成了化城寺东西七十二寮房；从接引庵到天台形成了线性组团；沿北侧上山香道形成了善庆庵—狮子林庵—永丰庵—古月庵—二圣殿—小桥庵—大桥庵—甘露寺组团—龙池庵—神秀庵的线形景观序列（图4-10）。

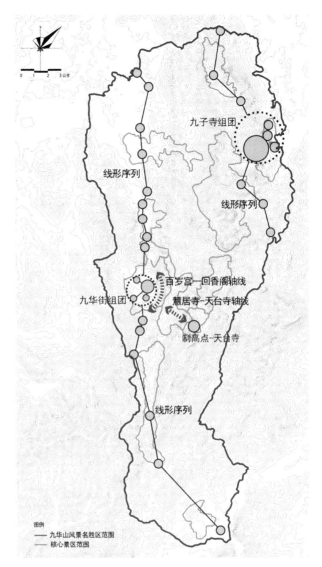

图4-10　明清时期九华山寺庙景观结构图
（图片来源：作者自绘）

二、交通

　　明清时期九华山成为中国四大佛教名山之一，开始大兴土木建造寺庙，九华山进山古道又开辟了南阳至九华等三条，寺庙与主要风景点之间的交通体系形成，交通状况得到改善，与之相配的庙栈、商业也开始兴建。当时山上的客栈能够接待每日过万数的香客游人，逐渐出现了多种商业形式和集市，并吸引着外地商人来经商。

结合明清时期山志、山图以及现代谷歌地图，可以推断出明清时期，从五溪上山有五条石板大道，连接各个景点、山峰，顺应山势，通往九华街。其中五溪桥—望华亭—无相寺—二圣殿——宿庵—小桥庵—大桥庵—甘露寺—龙池庵—半霄亭—望江亭—化城寺这条路线成为九华山从北侧进山的重要交通线，串联了由五溪至九华山一线的重要寺庙及节点（图4-11）。至今仍能看到这条路上的一些古石板台阶。由南阳往九华山的古道铺筑通行，九华山南大门敞开，从南阳到九华街，经过一天门、二天门、三天门，形成具有仪式感的景观序列。明万历年间蔡立身在《九华山供应仪》中写道："香客或南自浙江、徽郡，北自山陕远来"，可见当时到九华山游览、朝山交通已经非常便利，这极大地促进了九华山佛教的发展和寺庙的建设（图4-12）。

清末，进山古道已达六条。东路由青阳至朱备龙口，石板大道，全程15公里。今通公路，古道已废。东北路，青阳至西洪岭，再经二圣往九华街。石板大道，宽1.5米。南陵、泾县、芜湖方向的香客游人取此路上山。清末到民国初年，由长江乘船靠岸大通的香客游人，春冬之时则换轮渡抵青阳童埠港，再转陆路达青阳城，余下路程同东北路。20世纪70年代，青阳至西洪岭筑乡间公路，石板路已废。东南路，由南阳（今南阳乡）经清圩、分水岭、平田冈达九华街。石板大道，宽1.5米，全程20公里。行者多为徽歙、江浙方向的人。西北路，从五溪达九华街，全程20公里，路宽1.5米。往来此路者，除贵池、湖北方向来的游人香客外，夏秋之交，由大通港抵童埠的香客游人摆渡至钱家垅（今贵池境内），而后转陆路至五溪，也从此路入山。今五溪至大桥庵路段已废，从一天门至九华街路段虽为盘山古道，被公路截断数处，但台阶尚存。深冬初春，大雪封山时汽车停驶，

图4-11 清光绪《九华山志》九华山水全图
（图片来源：作者根据清光绪《九华山志》改绘）

水系
道路
寺庙

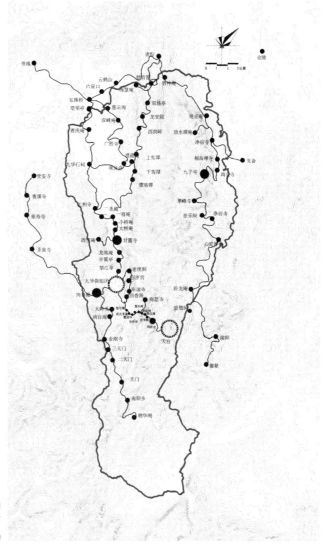

图4-12 明清时期
九华山推测交通路
线图
（图片来源：作者自绘）

来山者及山上职工居民上下都依赖这段古道。西路，由杜村（乡）经西馆和东馆达九华街，行程7.5公里，路宽1米。今杜村至东馆的石板道被撬，其余路段完好。西南路，从九子岭到九华街，全程4公里，路宽1米，今存。取西路和西南路进山，多为江西、东至、贵池方向的香客游人。这六条古道除已废除的部分之外，至今仍被当地居民及香客游人使用。

在明清时期，九华山香火日盛，寺庙经济丰厚，寺庙募化和官府、乡贤资助，在景区内多次兴建石板道，后又陆续整修。当时主要的石板路有五条，从后山行有两条，分别从青阳县城和南阳湾焦山至九华街，长约40公里；从前山行有三条，分别从五溪、九子岭和杜村焦山至九华街，长约31.5公里。这五条石板古道，在景区又辐射四周，形成网络状，四通八达。路宽1.2～1.5米，凿工精细，依山就势，迂回曲折。

清末很多寺庙被毁、登山道年久失修，游人和香客稀少，后山景区逐渐没落。

三、聚落

明清时期的寺庙建设达到巅峰，祖寺化城寺在洪武二十四年（1391年）建立丛林制度。寺宇林立，村舍井然，昔有"莲花佛国"之称。明代，九华山佛教兴盛，经济相应发展，以化城寺为中心的九华街已具雏形。清中叶，九华山寺庙150余座，近半数集中于九华街，化城寺东、西二庑有七十二寮房。明清以来，九华街成为香客、游人的集散地，僧俗在此共同生活，老街和店铺、寺庙、民居林立，成为九华山文化汇集地。清咸丰、同治年间太平军与清军激战，九华街建筑遭到严重破坏，清末及民国初期多数寺庙修复，香火复旺。当时仍有十二寮房和山货、杂货、经货、红货店铺40余家。

根据明代万历年间九华山志山图化城寺图，可以看出明代九华街的基本结构。以祖寺化城寺为中心，寺前有石板道将主要的节点串联起来，呈现链珠式结构：聚龙桥—禅堂—李太白院—王氏坊—化城寺—王阳明祠—白马亭—玉香亭—净泉亭—肉身殿（图4-13）。

清代九华街的结构已经相对成熟和完善，化城寺发展成拥有东西两庑七十二寮房的总丛林。七十二寮房寺庙山门均朝向化城寺，体现了森严的秩序感。

从望江亭到肉身殿有石板道，化城寺及其寮房、阳明祠、太白书堂、塔等重要景观节点都沿石板道展开（图4-14）。

清代九子寺组团新建九莲禅寺，丰富了九子寺组团的景观层次。

图4-13 明代九华街山图
（图片来源：作者根据明代孙矿《九华山志》山图改绘，底图来源于中国国家图书馆善本阅览室）

图4-14　清光绪年间九华山图
（图片来源：清光绪《青阳县志》）

第四节　恢复期——近现代时期

一、寺庙景观

1. 寺庙景观营建

民国时期除了继续在九华街范围内增建新的寺庙以外，在前后山之间凤凰松周边形成了尼姑庵组团。

民国时期，由于信众的捐助、旺盛的香火以及闵园尼庵群的建设，九华山佛教出现了短暂的兴盛期，全山新增寺庙78座，20世纪30年代达到150座，接近历史极值。百岁宫、东崖禅寺、祇园寺、甘露寺、上禅堂、莲花寺、乐善寺成为九华山七大丛林。抗日战争爆发后，寺庙被破坏，香客稀少，僧人困顿。至1949年，九华山尚存寺庙94座（表4-5、图4-15）。

表4-5　民国时期九华山地区寺庙建设情况及现状

序号	名称	始建年代	地址	现状
1	法华寺*	1915年	东崖西麓、闵公墓西南侧	1940年被日军烧毁；1984年重建
2	胜发精舍*	1917年	中闵园龙溪之西畔	今存

序号	名称	始建年代	地址	现状
3	小天台 *	1919 年	位于肉身殿西南，寺庙坐东朝西，背依大岭头，前朝九子岭	今存
4	莲华庵 *	1919 年	中闵园接引庵上方，通天桥东南	今存
5	静修茅蓬 *	1921 年	中闵园九华莲社西，凤凰松南	今存
6	光明茅蓬 *	1921 年	中闵园大慈庵东侧	今存
7	华天寺 *	1922 年	三天门聚龙寺北	今存
8	潮音精舍 *	1924 年	中闵园、安乐堂西北	今存
9	鹿苑精舍	1925 年	九华街立庵附近	已废
10	大愿茅蓬 *	1926 年	中闵园回龙桥西	今存
11	寂光精舍 *	1928 年	中闵园海慧寺东	今存
12	春光茅蓬	1928 年	中闵园	已废
13	心愿茅蓬 *	1929 年	中闵园，大慈庵西边	今存
14	香山茅蓬 *	1930 年	中闵园药师茅蓬东南侧上方	今存
15	莲宗精舍 *	1930 年	中闵园、普渡寺东北	今存
16	新龙庵 *	1931 年	九华街老龙庵西侧	今存
17	九华莲社 *	1931 年	中闵园凤凰松东南侧，西与静修茅蓬为邻	今存
18	大金刚寺 *	1931 年	中闵园小金刚寺东南边	今存
19	药师茅蓬 *	1931 年	中闵园海慧寺南边	今存
20	白云禅林 *	1931 年建道观，后衰败，1991 年原址建佛寺，名"白云禅林"	位于九华街西北凤形山	今存
21	圆通寺 *	1931 年	位于九华后山，今青阳县蓉城镇金冲村平顶山上	今存
22	悟园寺 *	1931 年	位于上闵园，位置在大觉寺附近	今存
23	莲池茅蓬	1931 年	中闵园	已废
24	自修茅蓬	1931 年	中闵园	已废
25	朝阳精舍	1931 年	中闵园	已废
26	大悲院（其二）	1931 年	中闵园	已废
27	白蓬台	1931 年	位于吊桥上方	已废
28	大觉寺 *	1928 年	上闵园	今存
29	双溪寺 *	1932 年	位于青阳县城以南的朱各家析村僧家山	原建寺庙在1957年被焚毁，1978年复建
30	双溪讲寺 *	1932 年	与双溪寺大殿毗邻	今存
31	无量寺 *	1933 年	位于九华街净土庵南、广济茅蓬东侧	今存
32	普渡寺 *	1933 年	位于中闵园，莲宗精舍西南	今存
33	慈佛精舍 *	1933 年	位于中闵园朝阳下院东边	今存
34	法华精舍 *	1933 年重建。后毁。1993 年住持尼广云另选址新建	位于青阳县朱备镇东桥村僧家山	今存
35	地母庵	1933 年	中闵园	已废
36	观音峰下院 *	1934 年	中闵园，南对大慈庵	今存

序号	名称	始建年代	地址	现状
37	圆通庵	1934年	位于九华街长生庵西，百子堂、仙陵茅蓬附近	易为民居
38	蕴空茅蓬*	1936年	位于青阳县朱备镇东桥村僧家山，与双溪寺毗邻	今存
39	青云庵（二）*	1938年	位于青阳县朱备镇东桥村石铺里	今存
40	青云庵（其三）	1939年	中闵园	已废
41	永兴茅蓬（其二）*	1939年	中闵园小学下方	今存
42	永兴茅蓬（其一）*	民国初年建	位于青阳县朱备镇肖家垅长龙岗，大悲茅蓬下方	1940年日军侵山时焚毁。后重建。今存
43	普济庵（二）*	民国初年建	中闵园九华莲社东北上方	今存
44	朝阳庵*	民国初年建	位于天台小狮子峰西南、复兴庵上方	今存
45	朝阳庵下院*	民国	位于中闵园	今存
46	大慈庵（其二）*	民国	中闵园回龙桥西南	今存
47	小金刚寺*	民国	位于中闵园大金刚寺西北角	今存
48	定西茅蓬*	民国	位于青阳县朱备镇东桥村僧家山麓，法华精舍下方	今存
49	大悲茅蓬*	民国	青阳朱备镇肖家垅长龙岗	1985年重建，今存
50	仙陵茅蓬	民国	位于九华街西，百子堂附近	已废
51	足心茅蓬	民国	位于九华街西，广济寺与百子堂之间	已废
52	广德茅蓬	民国	位于九华街	已废
53	洗心茅蓬	民国	位于九华街广德茅蓬附	已废
54	观自茅蓬	民国	位于九隼街洗心茅蓬附近	已废
55	定慧茅蓬	民国	位于九华街（一说位于中闵园）	已废
56	如意茅蓬	民国	位于九华街（一说位于中闵园）	已废
57	极乐茅蓬	民国初年	中闵园	改为民居
58	龙王宫	民国	中闵园	已废
59	福寿茅蓬	民国	中闵园	已废
60	净心茅蓬	民国	中闵园	已废
61	普济茅蓬	民国	中闵园	已废
62	观音堂（其六）	民国	九华后山"六亩田"侧	已废
63	观音庙	民国	位于火焰山。火焰山又名焰霞山，今青阳县城东乡新中村境内	已废
64	般若茅蓬	民国	位于青阳县朱备镇骆家冲	已废
65	普光茅蓬（其一）	民国	位于青阳县朱备镇骆家冲	已废
66	普光茅蓬（其二）	民国	位于青阳县蓉城镇金家冲	已废
67	报恩茅蓬	民国	位于青阳县朱备镇骆家冲	已废
68	圆通茅蓬	民国	位于青阳县朱备镇骆家冲	已废
69	悟真茅蓬	民国	位于青阳县蓉城镇金家冲	已废
70	心安茅蓬	民国	位于青阳县蓉城镇金家冲	已废
71	关帝庙	民国	位于青阳县蓉城镇金家冲	已废
72	养恬茅蓬	民国	位于青阳县朱备镇盛家冲	已废
73	二圣庙	民国	位于青阳县朱备镇后山	已废
74	宏庙	民国	位于青阳县朱备镇后山	已废

序号	名称	始建年代	地址	现状
75	台升堂	民国	位于青阳县朱备镇后山	已废
76	石亲庵	民国	位于青阳县庙前镇华阳村石龙口	已废
77	西佛寺 *	民国	位于甘露寺西、九华乡桥安村西竺	今存
78	西竺禅寺 *	民国	位于甘露寺西、九华乡桥安村西竺	今存

资料来源：根据著作、山志、碑志、文献及现场调研获得的信息汇总整理而成

注："*"标记位于九华山风景名胜区范围内的现存寺庙。

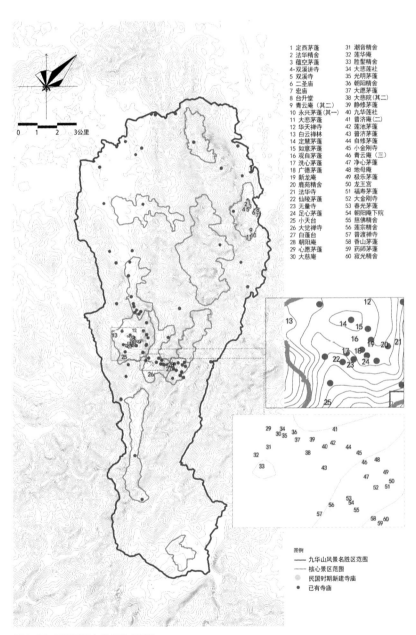

图 4-15　民国时期九华山建成寺庙

（图片来源：根据著作、山志、碑志、文献及现场调研信息绘制。注：位置无考的寺庙未在图中体现）

新中国成立初期，九华山有寺庙90余座，僧尼200余人。截至2009
年，九华山常住僧尼649人，宗教活动场所104处，其中寺庙99座，其他
固定宗教活动场所5处。其中全国重点寺庙9座，包括化城寺、祇园寺、旃
檀林、肉身殿、甘露寺、百岁宫、天台寺、慧居寺、上禅堂；省级重点寺
庙30座，包括二圣殿等（图4-16、表4-6）。

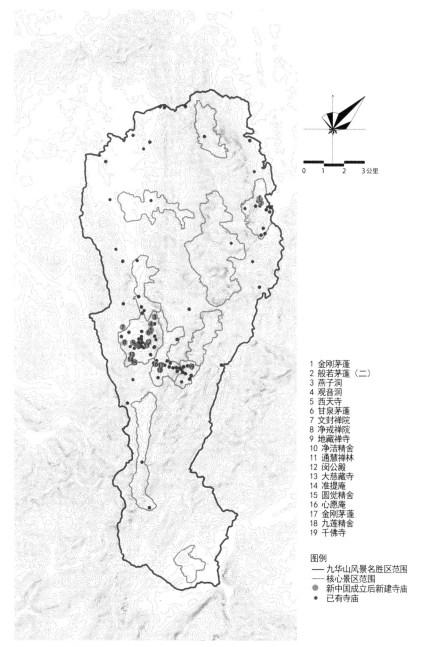

1　金刚茅蓬
2　般若茅蓬（二）
3　燕子洞
4　观音洞
5　西天寺
6　甘泉茅蓬
7　文封禅院
8　净戒禅院
9　地藏禅寺
10　净洁精舍
11　通慧禅林
12　闵公殿
13　大慈藏寺
14　准提庵
15　圆觉精舍
16　心愿庵
17　金刚茅蓬
18　九莲精舍
19　千佛寺

图例
—— 九华山风景名胜区范围
—— 核心景区范围
●　新中国成立后新建寺庙
•　已有寺庙

图4-16　新中国成立后九华山建成寺庙
（图片来源：根据著作、山志、碑志、文献及现场调研信息绘制。注：位置无考的寺庙未在图中体现）

表4-6 新中国成立后九华山地区寺庙建设情况及现状

序号	名称	始建年代	地址	现状
1	净洁精舍*	其址原为古百子堂，清代山图已有标注，1985年重建，更名"净洁精舍"	位于九华街西、神光岭东南、广济茅蓬北侧	今存
2	通慧禅林*	原为通慧庵一部分，1985年，通慧禅林从通慧庵析出	九华街东南端	今存
3	观音洞*	1987年复建	位于插霄峰西北山腰间、祇园寺北	今存
4	圆觉精舍*	1991年	位于小天台东北侧	今存
5	闵公殿*	1993年	九华街东，与通慧庵毗邻	今存
6	准提庵（其三）*	1993年	原为民居。位于神光岭西边山坳汪家寨	今存
7	慈藏庵*	1993年建庵，1999年冬毁于火，2001年重建	原为民居。位于神光岭西	今存
8	九莲精舍*	1996年	位于中闵园观高庵旧址	今存
9	心愿庵*	1996年	位于中闵园心愿茅蓬西侧	今存
10	地藏禅寺*	1996年	位于九华山北麓，桥安村九华河西	今存
11	明净禅寺*	2006年易为净戒禅院	位于九华街西侧	今存
12	金刚殿*	原为小金刚寺的一部分，2000年与其脱离，2009年被批准为固定的宗教活动场所	位于中闵园凤凰松东	今存
13	西天寺*	2002年	位于祇园寺东北、甘泉茅蓬下首	今存
14	甘泉茅蓬*	20世纪80年代末	位于祇园寺东北、西天寺上首	今存
15	金刚茅蓬*	2005年	位于青阳县朱备镇东桥村	今存
16	般若茅蓬（二）*	原为瑞心茅蓬和观音庵两座寺庙，2006年3月合并	位于青阳县朱备镇东桥村，与蕴空茅蓬近邻	今存
17	千佛寺*	1994年	位于后山狮子峰	今存
18	观音殿*	2006年	位于青阳县庙前镇	今存
19	燕子洞*	2004年	位于棋盘石北	今存
20	文封禅院*	2012年	位于祇民村风形山	今存

资料来源：根据著作、山志、碑志、文献及现场调研获得的信息汇总整理而成。
注："*"标记位于九华山风景名胜区范围内的现存寺庙。

2．寺庙景观结构

近现代九华山寺庙建设主要集中在九华街和闵园尼庵群。前山形成了从五溪—九华街—转身洞的线形序列。南北向的景观结构以九华街组团为起点，经过前山山脊线、闵园尼庵群、慧居寺—拜经台纵轴，最后以天台寺为制高点形成一个强有力的收束。后山以九子岩盆地为核心，形成若干小组团（图4-17）。

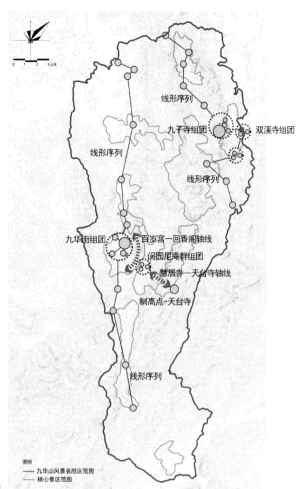

图4-17　近现代九
华山寺庙景观结构图
（图片来源：作者自绘）

二、交通

1. 营建过程

民国后由于修建公路的缘故以及新中国成立后开山造田所需，山下古石板道大部已废，景区多数完好，至今仍是游览要道。民国14年（1925年），从青阳县到童埠的简易公路竣工，从大通港到达童埠的游客，从东北路上山十分便利。民国22年（1933年）皖南公路的芜青段（芜湖至青阳）、青屯段（青阳—屯溪）、青贵段（青阳—贵池）正式通车，至此九华山外围的公路网已经初步形成。民国23年（1934年）青阳乡绅和僧人筹款募建九华支线公路（五溪至二圣），但由于抗日战争导致公路修筑过程缓慢，至新中国成立前只完成了一条简易的路基。

1953年后，九华支线公路逐步修建完成。20世纪50年代时，青阳境内的公路仅用于货运交通。游人上山只能步行。20世纪60年代后公路开始用于客运，而游客到九华街以及上山物资的运送仍然需要步行7.5公里的古道，十分艰难。1975年二圣至九华街的盘山公路动工，九华街运输货物更加便捷高效，游客也不再需要徒步登古道至九华街。盘山公路的修建，加快了九华山风景区的开发建设。除了二圣至九华街的盘山公路外，佛光大道（五溪至九华街）、沿江高速公路、合铜黄高速公路、池青九快速通道等公路也陆续修建，为外地游客到达九华山提供了更为便利的交通条件。

民国时期的建设重点放在闵园、天台和九华街，前山变为游览的核心区域，而后山更加冷落。正因如此，后山的自然风貌和古迹被保留得相对完好。1978年以来，九华山开放了九华街、闵园、天台、花台、前山等五个景区，重新开辟游览道路30公里。后山除九子岩景区以外，大部分景区以及大古峰以北的景区尚未开发，仅保留着崎岖的山路，属于徒步游览区。

1979—2009年，景区内又新铺设了龙池石板道、芙蓉峰石板道、回香阁至百岁宫石板道、金沙泉石板道、十王峰石板道、天台至花台石板道、花台至老虎洞石板道、闵公墓至钟亭石板道、肉身殿至百岁宫石板道、回香阁至通慧禅林石板道等。新中国成立后修建的景区公路包括盘山公路、九华街东环路、九闵公路、九黄公路九南段、柯村环形水泥路、九华大道、柯村至刘冲石刻旅游公路等。

景区现在的道路系统分为前山和后山两部分。前山线路六条：东崖路、天台路、花台路、狮子峰路、莲花峰路、沙弥峰路；后山线路三条：九子岩路、龙口西路、龙口南路（图4-18、表4-7）。

九华山景区的交通体系除了道路以外，还有索道缆车。包括闵园至拜经台索道、百岁宫地面缆车、九子岩索道、花台索道（表4-8）。

表4-7　九华山景区主要路线一览表

分区	名称	路线	长度（公里）	宽度（米）	类型
前山	东崖路	九华街—肉身塔—小天台—芙蓉峰—回香阁—东崖—百岁宫—下闵园—花台路	5		石板大道
	天台路	九华街—通慧庵—回香阁—中闵园—天台	7.5		石板大道
	花台路	天台峰—北—花台新景区—下闵园—东崖路	6		石板大道
	狮子峰路	柯村—"舒潭印月"—黑虎松—翠盖独秀—天蟾—狮子诸峰—在狮子峰东与后山九子岩路对接	7	0.5～1	间铺石板
	莲花峰路	华阳水库—青沟—平坦—上、中、下莲花峰	6	0.5	间铺石板
	沙弥峰路	方家冲—沙弥峰—东下经双峰—天柱峰—青峭湾—与龙口西路相交	5	1	石板路
后山	九子岩路	双溪寺—九子寺—九子岩—狮子峰	6	1	九子岩东段为宽1m石板道，九子岩西间铺石板
	龙口西路	龙口—翠峰—青峭湾—双峰—天柱峰—西行登天香岭—下至前山柯村	15		天香岭东为石板大道，岭西为土路
	龙口南路	龙口—心安禅寺—大古峰东麓—大古岭—凤凰岭—下闵园	7.5		间铺石板，岔道亦间铺石板
		龙口—心安禅寺—大古峰东麓-苏家宕—五里亭—老常住—天台峰			

资料来源：根据2013年版《九华山志》整理。

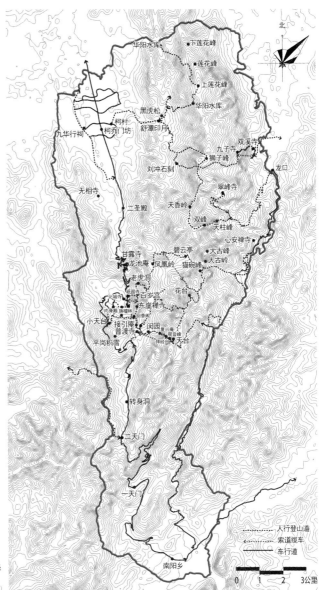

图4-18 现代九华
山交通体系图
（图片来源：作者自绘）

表4-8 九华山景区索道一览表

名称	起止点	设计长度（米）	高差（米）	修建时间
闵园至拜经台索道	凤凰松广场—拜经台	1350	476	1994年
百岁宫地面缆车	西宫山（祇园寺站）—观音峰南侧（百岁宫站）	452	223	2000年
九子岩索道	双溪寺—九子仙境	线周长1700	401	1999年
花台索道	九华乡桥庵村—九华山大花台北侧山坳	2900	720	2009年

资料来源：根据2013年版《九华山志》整理.

2．九华山道路体系特征

九华山的道路交通体系，与山体的地形地貌有着密切的联系（图4-19、图4-20）。主要特征有：

（1）道路的走向，大多在坡度20°以下的地区进行建设，多与山谷、山脊线吻合。如百岁宫—东崖禅寺—回香阁石板道沿九华街前山的山脊线建设，天台—花台的石板道沿后山山脊线建设；从五溪上九华街的公路，沿山谷方向建设。

（2）每一个寺庙组团内部有完整的石板道体系连接各个大小寺庙及景观节点，组团与组团之间通过主路进行连接。

（3）后山的九子岩景区与前山九华街、柯村景区有石板道越过山顶将前山后山的路线进行连接，形成全山完整的交通体系。

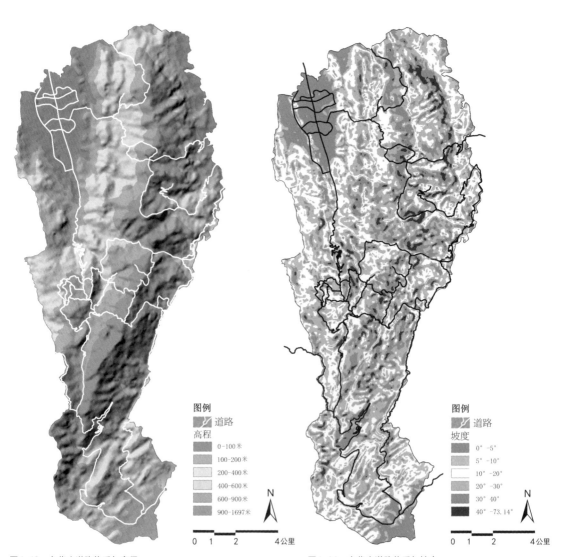

图4-19 九华山道路体系与高程
（图片来源：作者自绘）

图4-20 九华山道路体系与坡度
（图片来源：作者自绘）

三、聚落

民国时期延续了明清时期九华街的繁荣盛况（图4-21）。1929年档案资料记载九华街"商户丛寮不下百余家，宛然若一市镇所在"。抗日战争时，九华街香火稀少，生意萧条。20世纪50年代初，九华街的建设有一定的发展。1966年开始的十年"文化大革命"期间，九华街文物古迹遭到巨大破坏。1978年，九华街只有22座寺庙，僧尼70余人，3个生产队近百户村民。建筑残破不堪，村民生活陷入困境。

民国时期九子岩区域新建寺庙定西茅蓬、法华精舍、蕴空茅蓬、双溪讲寺、双溪寺、二圣庙、宏庙、台升堂等，使九子寺组团进一步扩展，结构更完善。寺庙与自然形胜融为一体。

在现代九华山风景名胜区规划中，九华街属于九华街景区，面积约4平方公里，仍然是九华山的核心。

现代在九子岩区域新建般若茅蓬和金刚茅蓬，山麓地带也形成了村落。九子寺组团逐渐发展成熟。

现代九华街的范围，是以凤形山为中心的环形盆地。自1979年起，九华街共经历了三次重要规划：1979—1983年由同济大学建筑系规划设计，1986年通过的《九华山风景名胜区总体规划》；1990年由安徽省城乡规划设计研究院编制的《九华街区详细规划》；2002—2004年进行的总规调整，编制了九华街详细规划。

1．1986年九华山风景名胜区总体规划

1983年以前，九华街的凤形山尚未修建环形路，只有南部的石板路

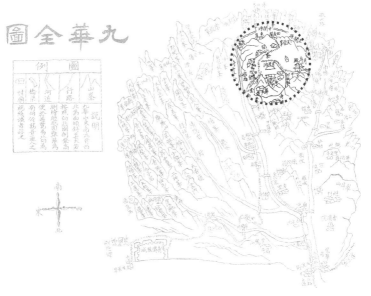

图4-21　民国时期九华山图
（图片来源：民国姜季衡，九华指南）

和五溪至九华街的一段公路。寺庙组团内部结构相对完整，寺庙之间通过石板路连接。化城寺广场没有被建筑围合。九华街由若干座寺庙组成，寺庙外围即是旷野和零散的民居 。交通以步行道为主，基本呈现单线结构的模式。这一时期九华街的景观格局呈链珠状：祇园寺/百岁宫下院—天池庵/立庵—化城寺—旃檀林—龙庵/新龙庵/长生庵—净土庵—广济寺—上禅堂—肉身殿，九个节点被石板道串联，立庵附近有一条小路可连接后山景区。整体结构清晰简明，寺庙融入山林，凸显出九华山特有的农禅共生的佛教气氛。空间的开合收放具有节奏和韵律，山顶的肉身殿视线开阔，凸显其特殊的地位。此时九华街以山林佛寺建筑为主，田园风光成为其背景和基底。山民的经济来源不以旅游业为主。

1982年九华山成为国家重点风景名胜区，这一版规划将九华山的发展目标定为旅游开发，强调其佛教文化和独有的寺庙建筑。

1983年规划主要的内容包括：（1）增加了九华街建筑面积，形成了东崖宾馆、龙庵等商业组团；（2）将农田改造成建筑或人工水景，原有的石板道被建筑围合形成了街道的空间效果；（3）对于道路的改造体现在用一条步道将近二十处佛寺相连，尽量恢复九华街旧貌，营造宗教氛围；增加了凤形山北侧公路以形成环路，优化原有的平直公路；东南侧的机动车道被弱化处理；（4）从外部交通来看，从五溪到九华街是唯一的上山公路。本次规划定位是以九华山佛教文化为根基，增建旅游设施。远期目标将行政中心迁移到柯村。

本次规划的不足之处体现在：（1）强化街道的空间感，削弱了自然山林的氛围；（2）没有考虑农业景观对寺庙景观的意义，忽略了农业景观的价值；（3）九华街核心区规划了过多的宾馆，未能充分考虑宾馆进一步膨胀发展的后果，设置大面积的停车场，车流交通破坏了步行街道的连续性，削弱了九华街的宗教氛围；（4）未能充分考虑佛寺自身扩建的需求。

2. 1990年九华街区详细规划

在1990年规划前，九华街的建设出现了一系列问题：（1）随着旅游业的发展，宾馆规模及后勤服务设施不断扩张发展，严重影响了九华街的景观格局及风貌特征。（2）多处道路的修建并未执行1983年规划，而是以机动车道为主导，直线型公路居多。例如祇园寺向西的公路，没有按照1983年规划从百岁宫下院前门绕过荷塘再向西，而是修建了一座体量与九华街尺度并不相配的桥梁，破坏了九华街入口景观的整体和谐，也阻断了祇园寺通往太白书堂的步行道路体系。（3）商业服务设施在主要道路两侧修建，寺庙盲目扩张。过度追求眼前利益，无序增建，使九华街的风貌遭到严重破坏。

本次规划以恢复九华山简洁的线形寺庙组团模式为目标，拆除违规建筑，弱化机动车道，强调步行道。

由于管理实施不到位，本次规划的思路并未得到很好的落实。

3. 2002—2004年九华街详细规划

1990年规划后的十年，是建设最为快速也是最混乱的十年。热闹繁华的小镇取代了清幽的山林古寺与田园风光。九华街中心的凤形山，由于过度开挖，已经千疮百孔。商业服务设施沿环形公路分布，遍布九华街。街道原有的风貌和结构遭到破坏，并失去控制。寺庙进行盲目的大规模扩建。旃檀林珍贵的清末民初建造的砖木结构建筑群被迁建，而新建建筑多为钢筋混凝土建筑，历史价值遭到严重破坏。新旃檀林的三座大殿尺度规模夸张，建筑形式奢华，破坏了九华街原始的乡土风貌。肉身殿的新建建筑体量巨大，新建的牌坊形式与尺度过于隆重。此外，各寺庙开始扩建大批客寮接待香客。

本次规划以提升九华街佛教文化氛围、恢复乡土景观风貌为目标对街区进行整治。行政管理机构搬迁至山下柯村，违规建筑被拆除。从空间布局上坚持恢复到原始的线形空间串联点状寺庙组团的模式。

4. 当代九华街空间结构

1980年后，依据九华山总体规划设计、施工，九华街以化城寺为中心，几个广场和建筑群通过一条石板道串联在一起，突出"莲花佛国"的宗教色彩和朴实的江南村落氛围，可划分为九个组团：

（1）祗园寺组团：包括九华街游客服务中心、祗园寺、百岁宫下院、聚龙大酒店、太白书堂。这里是九闵公路和进入九华街石板道的起点。

（2）东崖宾馆广场区：包括东崖宾馆建筑群体、九华旅社、立庵等建筑围合成的一个生活服务为主的景区。

（3）化城寺广场区：地处九华街的中心。化城寺坐北朝南，地势高峻，视野开阔。前有"放生池"，由块石铺成的广场是举行庙会和大型佛事活动的场地，四周店铺林立。

（4）化城寺广场至龙庵商业步行街：步行街长约200米，全由石板铺砌，宽度1.5～3米。

（5）龙庵及旃檀林广场区：步行街至此又变成开阔场地，两个广场标高不同：较高的旃檀林广场车行道从其中心穿过，较低的龙庵广场用石阶相互联系。两个广场连接四个寺庙，龙庵、新龙庵、长生庵同旃檀林相对而立，宗教气氛浓厚。

（6）龙庵至念佛堂小街：街长约100米，宽1～1.5米，石板铺路。石板道两侧为小商铺和民居，充满浓郁的山村小街氛围。

（7）念佛堂至肉身殿：这部分以寺庙为主。通过步步生莲石阶（石阶上雕刻有莲花和铜钱的图案），经过念佛堂、广济寺、山禅堂、十王殿，登上八十一级石阶到达肉身殿。这是九华山重要的常绿阔叶林地，寺庙掩映在树丛中，格外清幽。

（8）金沙泉、琵琶形、九莲休闲广场、闵公墓：这些在车行道南侧新开辟的设施和景点，散落在绿荫丛中，优美宁静。

（9）白马亭至香炉石建筑群：这里原为坡形农田，两面依山，中为一大片开阔坡地，金凤凰宾馆、医院、香樟花园酒店、百岁山庄、白马大酒店、农行等傍山而立，相互对应；中间现为神光广场，山水相映，环境优美。2006年九华山风景名胜区管委会下迁至九华新区后，开始对九华街景区进行整治。拆除了诸行政管理建筑和市场，并对拆除后的地段进行绿化美化。九华街又逐渐恢复到明清时期"佛国莲城"的风貌。

参考文献

[1]   [唐]费冠卿.答萧建.

[2]   比丘德森：九华山志[M].南京：江苏广陵古籍刻印社，1997.

[3]   杜继文：佛教史[M].南京：江苏人民出版社 2008 年版，第九章第一节.

[4]   卢忠帅.明清九华山佛教研究[D].南开大学2013年博士学位论文，第一章第二节.

[5]   李霞.论皖江佛教传播中心与佛教文化特质的变迁，安徽大学学报（哲学社会科学版）2009 年第 2 期.

[6]   [宋]周必大.九华山录[Z].[清].陈蔚.九华纪胜[O].

[7]   潘桂明.九华山佛教史述略[J].安徽师大学报（哲学社会科学版），1991，（03）：313-322.

[8]   九华山风景区地方志编纂委员会.九华山志[M].合肥：黄山书社2013.p143.

[9]   张昌翔.清代九华山佛教地理研究[D].安徽大学，2015.

[10]   [明].蔡立身.九华山供应议[Z].[明]万历.蔡立身.

青阳县志.中国国家图书馆原国立北平图书馆甲库善本丛书.第三二一册-第三二二册[M].国家图书馆出版社，2013.

[11]   [清]光绪.周赟.青阳县志[M].合肥：黄山书社，2014.

[12]   [民国]姜孝维.九华指南.青阳：九华山佛教会.1926.

[13]   袁牧.文化遗产地的演进：安徽九华山九华街规划历史研究[A].中国建筑学会建筑史学分会、同济大学（Tongji University）.全球视野下的中国建筑遗产——第四届中国建筑史学国际研讨会论文集（《营造》第四辑）[C].中国建筑学会建筑史学分会、同济大学（Tongji University），2007：8.

[14]   九华山大辞典编纂委员会.九华山大辞典[M].合肥：黄山书社.2001.P542.

[15]   同济大学城规教研一室：《九华山风景区总体规划》，同济大学科技情报站，1983年1月，第5页.

第 五 章

九华山风景整体格局结构
特征析要

九华山的山水格局虚实相生，具有丰富的景观层次。随着九华山佛教的不断发展和寺庙的建设，逐渐形成了"两轴一面"的景观结构。在景观序列上，空间呈现有韵律的开合收放，产生了步移景异的视觉感受，并通过巧妙的借景手法，打造了极为丰富的视线关系。本章从宏观的视角对九华山的格局与空间序列进行了系统的分析，并研究九华山寺庙的选址、环境朝向、尺度形态与山水格局的相关性。

第一节　山水格局

一、外围山水格局

　　九华山周边自然山水资源丰富。北侧距长江30公里，东南方向距太平湖12.8公里，距黄山约34公里。九华山—太平湖—黄山形成"两山一湖"组团（图5-1）。

　　早在唐代，李白曾在诗中描述了九华山与长江的视线关系："昔在九江上，遥望九华峰。天河挂绿水，秀出九芙蓉。"长江是九华山的重要景观要素。"柯村—庙前—杜村"盆地位于九华山和长江之间，保证了视线的开阔，从长江可远望九华山，使九华山与长江形成了对应关系。九华山与长江之间平坦开阔的盆地提供了便利的交通条件，这使九华山更早地进入人们的视线，与外界产生了密切的联系，所以九华山从唐代起即进入兴盛时期。

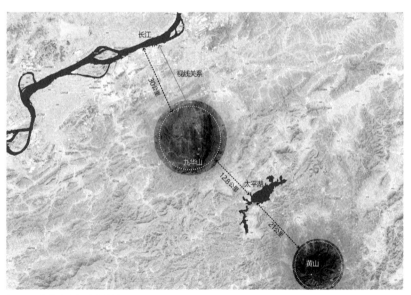

图5-1　九华山与周边山水关系
（图片来源：作者自绘）

二、内在山水格局

结合清光绪年间《九华山志》中九华山水全图及谷歌地图可以判断，九华山的范围包括两条南北走向的山脉以及北部的"柯村—庙前—杜村"盆地（图5-2）。山体和盆地构成了一个极其类似太极图的结构：两条山脉呈V形，与北侧盆地形成相互咬合的关系。九华街盆地在山体的"阳"属性的空间之中，形成阳中之阴，是太极图中的阴眼，也是整个九华山的佛教寺庙功能与景观的核心。杜村—柯村—盆地中有凸起的山包，成为太极图的阳眼。山体为实，盆地为虚，整个九华山的空间虚实相生，符合中国的传统审美，在丰富九华山的景观空间层次上也至关重要（图5-3）。

整个九华山范围东南部是山脉主体部分，西北部为盆地主体部分，山地与盆地形成相互交融的态势。而山体又分为西山和东山。西山较低（海拔600米左右），东山较高（海拔1000米左右），在山峰之间，又形成了若干盆地，如九华街盆地、闵园盆地、天台东盆地等。盆地与山峰相互穿插，形成了丰富的景观层次。"柯村—庙前—杜村"盆地在山体的环抱下，形成一个较大的完整空间，中间又有小型山体的起伏，起到分隔空间的作用（图5-4）。

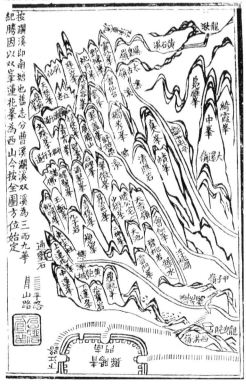

图5-2 清代九华山水全图
（图片来源：《九华山志》）

图5-3　九华山空间
结构图
（图片来源：作者自绘）

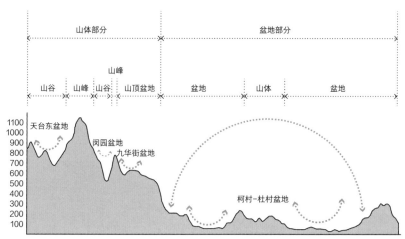

图5-4　九华山空间格局剖面图
（图片来源：作者自绘）

1. 山体层次

九华山的前山海拔在800米左右，后山海拔在1100米左右，V形的山脉走向，使前后山形成了清晰的景观层次，而两者之间也同时存在看与被看的视线关系（图5-5）。

2. 山体—盆地层次

柯村—杜村盆地是欣赏九华山主峰的最佳观赏点，在视角内九华山的山峰以画卷般的层次展现，正可谓"秀出九芙蓉"。"五溪山色"描述的就是这一视角的景象。山体与盆地相互咬合交融的关系，对九华山山水空间的完整性与协调性都是非常重要的。从山顶俯瞰盆地以及从盆地仰望山体都能看到完整的形态。

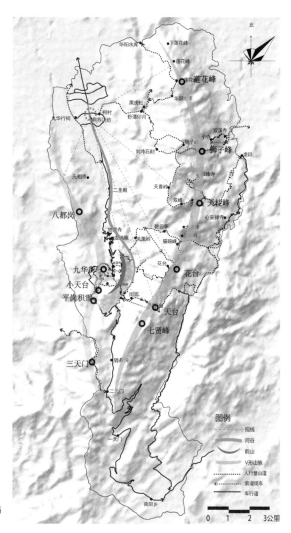

图5-5　九华山山水空间格局
（图片来源：作者自绘）

第二节　空间格局

一、景观结构

九华山的早期景观结构是以化城寺为中心，九华街为轴，寺庙和民居沿道路、山谷、盆地、溪流逐步形成，是一个自发演变的过程。随着九华山的不断发展，寺庙建设时考虑礼制的因素，九华街的寺庙在建造时，大多山门朝向化城寺，前山山脊线上的寺庙均成为欣赏九华街的绝佳观赏点。这种布局结构凸显了祖寺化城寺的崇高地位。

九华山的空间景观结构可以概括为"两轴一面"（图4-10）。

一面指九华街，位于半山腰的盆地，地势平坦，适宜农作物的耕种以

图5-6 九华山后山"垂直轴"分析图
（图片来源：作者自绘，底图为作者自摄）

及建筑的营造。山民和僧人在此世代生活，不断发展，形成了独具特色的乡土聚落。地形条件的优越为寺庙的营建创造了基本条件，故九华街聚集了九华山大量的寺庙。

两轴包括前山山脊线构成的水平轴和后山登天台路线构成的垂直轴。

水平轴由百岁宫—东崖禅寺—回香阁构成，分布在环抱九华街的东侧山脉的山脊。三个主要寺庙形成水平轴上的控制点，并以山路串联沿途大小寺庙和景观节点。水平轴很好地塑造了前山山脊的天际线，成为九华街的视线焦点。同时由于其巧妙的选址，使水平轴上的景观节点成为观赏九华山和后山以及闵园盆地的良好观景点。水平轴从回香阁开始向西转折，以肉身殿为终点，形成了具有仪式感的收束点。

垂直轴位于九华山后山，串联了登山线路上的寺庙与景观节点，主要包括天台寺—拜经台—观音峰—翠云庵—朝阳庵—复兴庵—吉祥寺—慧居寺（图5-6）。从前山山脊和闵园盆地望向后山，垂直轴上的寺庙建筑几乎以垂直的方式从上而下延展，建筑色彩与尺度与自然的肌理形成对比而又不突兀，和谐地融入山林之中。

水平轴、垂直轴与九华街的建筑风格由于其所处立地条件不同而各具特色。九华街位于山间盆地，地势开阔平坦，建筑体量较大，且形式相对较为规整，例如化城寺，院落沿台地分布，建筑形态规则严谨。水平轴位于山脊，寺庙建造基址面积通常较为狭小，寺庙建筑往往依山就势，巧妙地利用地形而设计。垂直轴位于后山的山坡，地形变化复杂多变，故建筑的体量也相对小巧，布局灵活，更注重因地制宜以及对自然景观元素的因借。

二、景观序列

景观空间的属性是由空间的限定性决定的。开敞空间是平坦开阔，围合感相对较弱的空间；幽闭空间是由山体、植被、建筑等界面围合成的空间，有较强的围合封闭感。景观空间的开敞和幽闭是相对的，也因其围合程度的不同，形成丰富多样的变化。在景观序列的营造中，通常会通过开敞空间与幽闭空间交替的方法，使人在变化的过程中感受空间的特征，同时也对主体景观进行强调。

九华山的景观序列依据不同的景观风貌，进行了整体性开合收放的有序组织，给游人以不同的感知。从五溪至九华街的景观序列经历了开敞—幽闭—开敞—幽闭—开敞的变化过程，层次分明，整体空间感觉以幽闭空间为主，强调变化的动态感受。五溪地处盆地，视野开阔，农田、远山、村落的组织松散自由，给人放松舒展的感觉。柯村以南的道路与九溪相伴，溪水随山体坡度的变化产生急缓交互，道路一旁出现了山石，与山林共同形成了幽闭空间。甘露寺以南的道路一侧是山体，一侧是悬崖山谷，视线开阔，可以远眺山林与村落。继而经过一段竹林围合的幽闭空间，到达九华街。九华街的空间属性为开敞空间，并且强调静态的感受。闵园和天台区域的空间以幽闭空间为主，从闵园盆地向天台行进的路线在山林之间穿梭，最后登顶之天台寺以开敞空间为收束，开合变化中强调动态感受的体验。这种空间序列的组织，充分考虑了游人对富于变化的空间感体验需求（图5-7）。

三、景观视线关系

九华山的整体空间布局营造过程中，非常重视借景，可以巧妙地将自然环境和人文环境引入景观视线中来。

回香阁是九华山一处最为巧妙的观景点。虽然没有位于任何制高点，却能成为控制九华山全山核心景观的视觉走廊。既可以远眺天台主峰以及后山寺庙构成的垂直轴，又可以眺望肉身宝殿和九华街。从回香阁前的台地绕过其屋脊，又可望见立于山巅的百岁宫和东崖禅寺。其视野范围内既包含自然景观又不乏寺庙景观，让人能够同时欣赏自然山峰的秀丽壮观与寺庙建筑的文化特征。

东崖禅寺的钟亭是欣赏九华街的最佳观景点，位于前山山脊中部，有良好的视野。同时钟亭建筑精致古朴，小巧、灵活、醒目，所以钟亭本身也成为一个被观赏的视觉焦点。

除了建筑基址选择和规划布局方面，九华山乡土聚落还体现了重视景

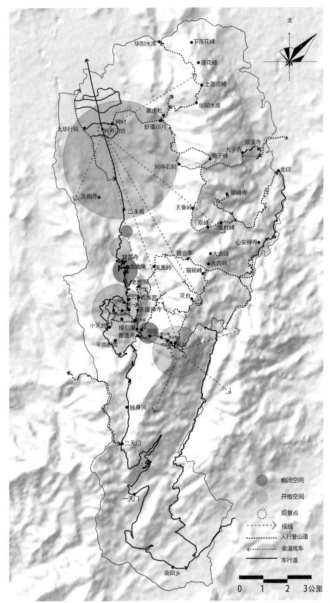

图5-7　九华山空间属性与景观视线分析图
（图片来源：作者自绘）

观视觉效果的优秀营造传统。在单体建筑的设计中，这一传统理念也影响了建筑体量的安排、组合，甚至门窗的布置。这种通过巧于因借外部景观来延展空间的设计理念，似乎为自由组织立面门窗的徽派建筑传统手法提供了形式处理的内在逻辑。例如通过慧居寺的山门殿窗扇可以清晰地看到回香阁；上禅堂寺庙的轴线延长线，穿越前殿的窗洞也与山脊凹陷处的回香阁有对应关系；从古拜经台的门框也可以远眺回香阁。

第三节　寺庙格局

　　寺庙的选址是通过对物质环境的选择，解决在有限的空间内，构建无限空间的问题。通过艺术的手法，将寺庙内环境与外在自然山水环境进行融合。九华山丰富多样的地貌决定了其寺庙选址的多样性和灵活性，人们可以根据佛教理想在自然山水中赋予寺庙建筑。因此，九华山寺庙的选址综合考虑了僧众、香客的需求与场地的自然环境条件。

　　根据实地调研以及文献的研究分析，影响九华山寺庙景观布局的因素主要有生存需求、宗教因素、美学因素。

　　第一，生存需求。

　　满足使用者的生存需求是寺庙选址的基本准则。

　　水资源是影响寺庙择址的首要因素。僧众的生产生活都离不开水源。在寺庙择址时，通常会根据山体自然汇水线选择最佳建造点。许多寺庙沿山谷分布的重要原因之一即山谷中容易有自然汇水。九华山的接引庵、一心茅蓬、莲花庵、九子寺等寺庙具有这样的特征。

　　适宜生存的气候条件对寺庙选址也至关重要。合适的湿度、温度、风、光照等条件对人的身体健康以及农作物生长有利。九华山寺庙的择址也对气候条件有充分的考虑。寺庙择址的首选位置是有利于空气流通、光照充足的山坡或山脊上，避开汇水线或易积水的山谷。

　　第二，宗教理想。

　　寺庙的选址受传统风景文化格局影响较深。传统风景文化格局为宗教观念中对佛寺选址的完美环境选择提供了依据。传统风景文化格局对建筑择址的要求包括对基本生存和审美的要求以及对理想空间的要求。尤其是山地寺庙，其选址既要考虑传统风景文化格局理念，又要依据不同的地形条件来组织空间。传统风景文化格局重视对整体山水框架的把控，对寺庙建设的具体位置进行综合考量。

　　九华山的寺庙选址有一定的禅宗特征，包容度较高，很多寺庙是由原有民居改建而成，对新建寺庙的选址也以尊重当地的民俗文化为前提。

　　第三，美学因素。

　　寺庙的营建既要满足功能性，同时也要体现其审美属性。山水审美对寺庙择址的影响包括风景构图和风景意境。

　　在风景构图中，对景物形象的选择，既包含以寺庙为观赏点的景象，又同时包含寺庙所处的大环境中的景观序列或组团。

　　将人文元素叠加到自然景象上，风景便具有了"意境"。寺庙在选址过程中，常常会选择在这些景点周边，借这些风景点烘托寺庙的佛教氛围，营造山林佛寺或壮阔，或神秘，或幽深的空间意境，将寺庙掩映在山林中。

一、竖向相关性

1. 寺庙选址的高程分析

通过对九华山108座寺庙进行统计分析，得到图表（图5-8、图5-9、图5-10、表5-1）。

从图表可以看出分布于海拔400～700米的寺庙最多，有63座，占总数的58.33%；海拔0～100米的寺庙有7座，占寺庙总数的6.48%；海拔100～400米的寺庙有14座，占总数的12.96%；海拔700～1000米的寺庙有18座，占总数的16.67%；海拔1000米以上的寺庙有6座，占总数的5.56%。

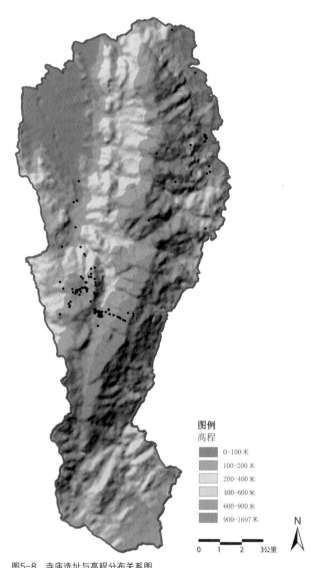

图5-8 寺庙选址与高程分布关系图
（图片来源：作者自绘）

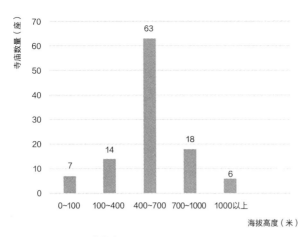

图5-9 寺庙高程分布统计
（图片来源：作者自绘）

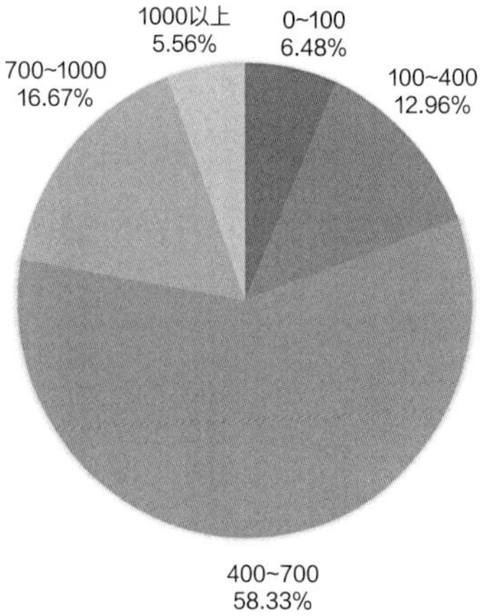

图5-10 寺庙高程分布比例图
（图片来源：作者自绘）

表5-1 寺庙高程分布统计表

海拔范围（米）	寺庙名称	数量（座）	百分比
0~100	双溪寺、佛化禅寺、青云庵、观音庵、一宿禅林、二圣殿、无相寺	7	6.48%
100~400	燕子洞、圆通庵、西竺庵、龙池庵、甘露寺、蕴空茅蓬、般若茅蓬、九莲禅寺、定西茅蓬、法华精舍、大悲茅蓬、金刚茅蓬（后山）、双溪讲寺、地藏禅寺（山下）	14	12.96%
400~700	观自茅蓬、上禅堂、慈佛精舍、普渡寺、朝阳庵下院、香山茅蓬、大金刚寺、寂光精舍、药师茅蓬、永兴茅蓬、金刚茅蓬（金刚殿）、西天寺、万福庵、观音洞、九莲精舍、甘泉茅蓬、肉身殿、九子寺、心安寺、白云禅林、净戒禅院、地藏讲寺、百岁宫下院、旃檀林、旧旃檀林（原貌移建）、祇园寺、天池庵、立庵、闵公禅寺、法华寺、天池古庵、通慧庵、通慧禅林、净土庵、无量寺、净洁精舍、广济茅蓬、老虎洞、长生庵、华天禅寺、化城寺、龙庵、新龙庵、聚龙寺、菩提阁、大厦庵、莲宗精舍、静修茅蓬、小金刚寺、普济庵、九华莲社、慧居寺下院、光明茅蓬、大愿茅蓬、心愿茅蓬、莲花庵、潮音精舍、胜鬘精舍、大慈庵、观音峰下院、接引庵、一心茅蓬、心愿庵	63	58.33%
700~1000	华严海慧寺、吉祥寺、慧居寺、朝阳庵、复兴庵、翠云庵、翠峰寺、小天台、圆觉精舍、准提庵、千佛寺、大慈藏寺、东崖禅寺、回香阁、百岁宫、普同塔、飞来观音峰、大觉禅寺	18	16.67%
1000以上	拜经台、观音峰、罗汉墩、大悲院、天台寺、延华寺（沙弥庵）	6	5.56%

资料来源：作者自绘。

2. 寺庙选址的坡度分析

通过Arcmap软件对九华山范围的DEM数据进行分析，得出坡度分析图，并与九华山现存寺庙定位点进行叠加分析，统计得出九华山寺庙选址与山体坡度的关系（图5-11~图5-13）。

坡度在10°~20°之间的寺庙数量最多，有56座，占寺庙总数的51.85%。这一坡度范围建设寺庙的难度和成本相对较低，一定的坡度能使寺庙的建筑高低错落，形成富有山地特色的景观界面和开阔的视野。同时能通过高差控制寺庙的空间等级关系。这个坡度范围大多分布在山麓地带，具有适宜居住的小气候，所以通常成为寺庙择址的首选区位。

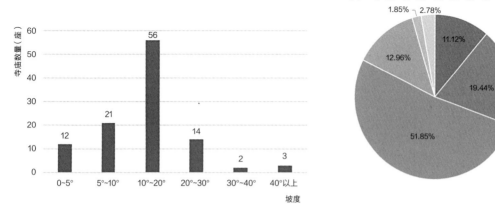

图5-11 九华山现存寺庙选址坡度分布图
（图片来源：作者自绘）

图5-12 九华山现存寺庙选址坡度比例图
（图片来源：作者自绘）

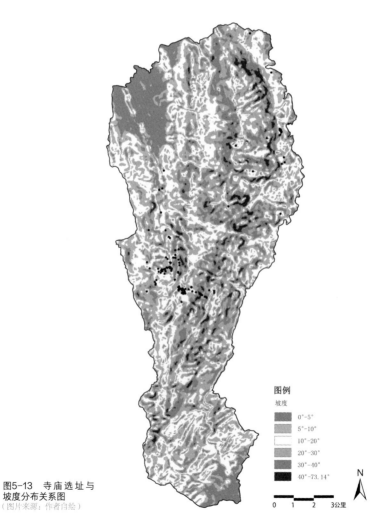

图5-13 寺庙选址与
坡度分布关系图
（图片来源：作者自绘）

3.寺庙选址的坡向分析

寺庙选址的坡向影响到太阳辐射强度和日照时间，也会影响温度、湿度、风速、土壤等因素，从而形成不同的小气候特征。故寺庙的采光、通风以及寺庙建筑建造基地的土壤岩层基本条件与山体的坡向息息相关。

九华山的前山从东、南、西三个方向环抱核心区九华街，后山位于九华街的东南方向，故寺庙在建设时，多选择面向九华街的山坡，故择址在西、西北、北、东北坡向，寺庙数量相对较多，共有72座，占66.67%（图5-14、图5-15）。

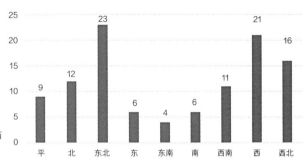

图5-14　九华山寺庙
选址与山体坡向分布图
（图片来源：作者自绘）

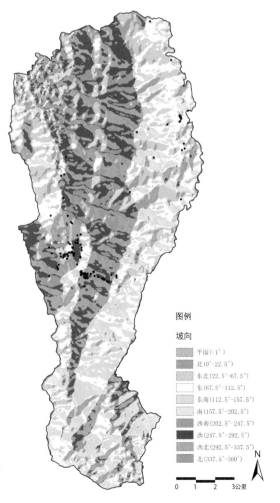

图5-15　九华山寺庙
选址与山体坡向关系图
（图片来源：作者自绘）

4．九华山寺庙选址的山体空间特征

通过对九华山寺庙选址的地形特征、高程、坡度、坡向进行统计分析，总结出九华山寺庙分布的山体空间特征：

（1）山麓、平坡多于陡峭地带

分布于山麓和平坡的寺庙数量比重最高，占全部寺庙的55.96%。九华山的山体较为陡峭险峻，很多凸坡和山顶地区地势不适合建造寺庙。而山麓和平坡地形降低了山地寺庙的建设难度，建设空间也相对较大，有利于对外交通体系的构建。这种现象是出于对寺庙选址实用性的考虑。

（2）中低海拔多于高海拔

九华山大部分寺庙集中在中低海拔，400～700米范围内的寺庙占总数的58.33%。而这一部分寺庙大多集中在九华街和闵园盆地。中低海拔地区通常水源充足、气候适宜、交通便利。并且九华山的村落大部分分布在中低海拔区域，寺庙选址紧邻村落有利于寺庙香火来源的维系与僧众的传教工作。

二、水体相关性

水源是寺庙选址的重要影响因素。水资源与僧众基础的生产生活直接相关，同时也是传统风景文化格局构建以及造景的要素。故九华山寺庙的选址与山中水体的关系非常紧密（图5-16）。

九华山水资源较为丰富，境内有众多峡谷溪流分布。九华山的河流与溪流属于长江水系的一、二级支流，从山体中心向外流出。九华河与青通河均为长江一级支流；南部的陵阳河、喇叭河流入太平湖，流经青弋江汇入长江。青通河发源于九华山东部岔泉岭，源头芙蓉溪，由东阳涧、游龙涧、菖蒲涧、垂云涧、石船涧等汇流成溪。溪长约10公里，呈树枝状分布。在双溪寺纳九子溪，沿山谷向北流，穿越蓉城镇，至元桥会东河、东山河，在童埠新河口会七星河，北流至铜陵大通镇入长江，全长53公里。九华河全长39公里，主要支流有八都河与九都河。八都河出自小天台。九都河源出十王峰与分水岭，同龙溪、缥溪、双溪、舒溪、澜溪等溪水汇流而成。龙溪出自分水岭北，长10公里，落差800米；缥溪源自大古岭，长8公里，落差达300米。九都河在庙前与八都河交汇，向北流入长江。上游山溪呈树枝状分布，中下游河床宽，流速减缓，入江段又称梅埂河。陵阳河源出分水岭南侧、仙姑峰东的兰溪，经所村与南流溪汇流。南流经沙济至广阳入太平湖。支流有所村溪、姚村溪等。三溪河源于天台山南侧清圩溪，全长28公里。经南阳湾，汇黄石溪、东溪、考坑溪，向东南至六都入太平湖，属山涧溪流河。

九华河沿岸有无相寺、二圣殿、一宿禅林、地藏禅寺四座寺庙；龙溪源出分水岭，由东、西两山冈诸涧水汇集而成，沿岸有接引庵、一心茅蓬、心愿茅蓬。九子溪源出九子峰东，流经九子寺、垂云涧、双溪寺，在朱备乡与芙蓉溪交汇北流。芙蓉溪源出九华山东麓的东阳涧、龙游涧、菖

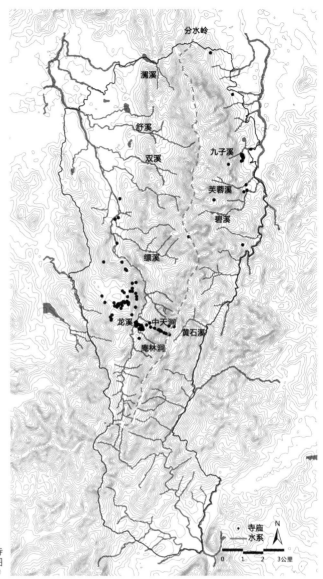

图5-16 九华山寺
庙与水系空间关系图
（图片来源：作者自绘）

蒲涧、垂云涧、石船涧、合涧。六涧水东流，自龙口折北汇合成溪，沿线
有青云庵、永兴茅蓬、大悲茅蓬等寺庙。中天涧位于十王峰和天台峰之间
西侧，自天台正顶逶迤直下，经中闵园松林、竹海注入龙溪，沿线有慧居
禅寺、吉祥寺、复兴庵、华严海慧寺等。花潭涧源出芙蓉峰、神光岭，经
化城寺前放生池、百岁宫下院三曲处，出迎仙桥，飞瀑注入龙池，周边寺
庙有化城寺、百岁宫下院。庵林涧源自十王峰、钵盂峰西侧，涧水西下折
北入龙溪，途中穿过中闵园松林、竹海，萦绕闵园尼庵群，大愿茅蓬、普
渡禅寺、九华莲社等寺庙都沿溪分布。寺庙在修建时都巧妙地避开了山体
汇水线，保证了在临近水源的同时，可预防洪水的威胁。

九华山地下水属于基岩裂隙水类型，有些会以泉的形式作为九华山众多溪涧的源头。浅部地下水在沟谷低洼处，以泉的形式排出地表，形成清泉、瀑布、深潭。主要清泉有：金沙泉、舒姑泉、地藏泉、芙蓉泉。主要瀑布有：百丈潭瀑布、百丈箭瀑布、碧桃瀑布和龙池瀑布。主要深潭有百丈潭、鲇鱼潭、玉龙潭、天池、龙池、嘉鱼池。地藏泉位于神光岭东侧，为下降泉，相传唐贞观十三年（639年），金地藏肉身由南台前往神光岭建塔时，揭石而得泉。今肉身殿下龙王井便是引于此泉。此外，回香阁、东崖禅寺、上禅堂、甘露寺、天池庵、化城寺等寺庙的选址均靠近泉水，并且大多伴有典据传说（表5-2）。

表5-2 九华山水系与寺庙分布表

编号	水系名称	周边寺庙
1	九华河	无相寺、二圣殿、一宿禅林、地藏禅寺
2	龙溪	接引庵、一心茅蓬、心愿茅蓬
3	芙蓉溪	青云庵、永兴茅蓬、大悲茅蓬
4	九子溪	九子寺、双溪寺
5	中天涧	慧居禅寺、吉祥寺、复兴庵、华严海慧寺
6	花潭涧	化城寺、百岁宫下院
7	庵林涧	大愿茅蓬、普渡禅寺、慧居寺下院、九华莲社、静修茅蓬、普济庵、光明茅蓬
8	地藏泉	肉身殿
9	龙女泉	东崖禅寺
10	美女泉	回香阁
11	金沙泉	上禅堂
12	涌泉	甘露寺
13	天池泉	天池庵
14	放生池	化城寺
15	天池	天池庵
16	弄珠潭	龙池庵

资料来源：作者自绘

三、地貌相关性

九华山寺庙选址的地形特征可分为：山顶、山脊、山坡、山麓、山谷、平坦空间、峭壁（图5-17、图5-18、表5-3）。

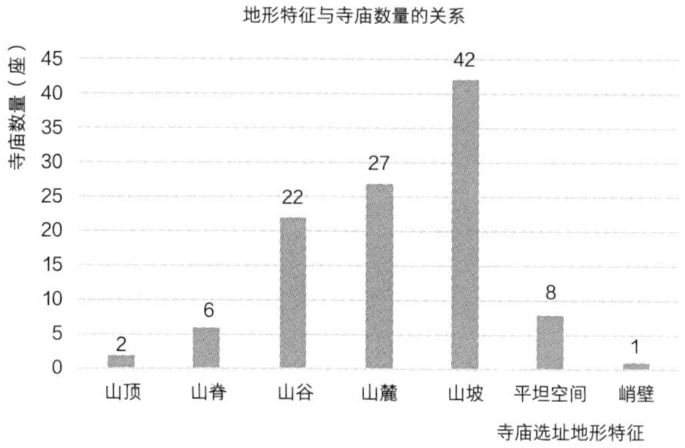

地形特征与寺庙数量的关系

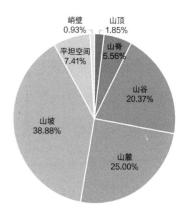

图5-17 各类选址地形特征寺庙数量统计图
（图片来源：作者自绘）

图5-18 各类选址地形特征分布
（图片来源：作者自绘）

表5-3 九华山寺庙分布与地形特征关系

地形特征		寺庙名称	数量（座）	所占百分比
山顶		天台寺、延华寺（沙弥庵）	2	1.85%
山脊		东崖禅寺、回香阁、百岁宫、普同塔、老虎洞、飞来观音峰	6	5.56%
山谷		大觉禅寺、莲宗精舍、静修茅蓬、小金刚寺、普济庵、九华莲社、慧居寺下院、光明茅蓬、大愿茅蓬、心愿茅蓬、莲花庵、潮音精舍、胜鬘精舍、大慈庵、观音峰下院、接引庵、一心茅蓬、地藏禅寺、一宿禅林、二圣殿、无相寺、心愿庵	22	20.37%
山麓		百岁宫下院、新旃檀林、旧旃檀林（原貌移建）、祇园寺、天池庵、立庵、闵公禅寺、法华寺、双溪寺、佛化禅寺、青云庵、蕴空茅蓬、般若茅蓬、九莲禅寺、定西茅蓬、法华精舍、观音庵、大悲茅蓬、金刚茅蓬、天池古庵、通慧庵、通慧禅林、净土庵、无量寺、净洁精舍、广济茅蓬、双溪讲寺	27	25.00%
山坡	凹坡	华严海慧寺、吉祥寺、慧居寺、朝阳庵、复兴庵、翠峰寺、燕子洞	7	6.48%
	凸坡	肉身殿、九子寺、心安寺、龙池庵、甘露寺、白云禅林、净戒禅院、大慈藏寺、地藏讲寺	9	8.33%
	平坡	观自茅蓬、上禅堂、慈佛精舍、普渡寺、朝阳庵下院、香山茅蓬、大金刚寺、寂光精舍、药师茅蓬、永兴茅蓬、金刚茅蓬、圆通庵、小天台、圆觉精舍、准提庵、西天寺、万福庵、观音洞、拜经台、观音峰、西竺庵、罗汉墩、大悲院、九莲精舍、千佛寺、甘泉茅蓬	26	24.07%
平坦空间		长生庵、华天禅寺、化城寺、龙庵、新龙庵、聚龙寺、菩提阁、大厦庵	8	7.41%
峭壁		翠云庵	1	0.93%

资料来源：作者自绘。

1. 山顶

在中国传统的空间观中，制高山顶有着高、险、幻的特点，高为客观条件，险为主观感受，幻为客观条件产生的心理感知。虽然山顶并不符合"藏风聚气"的理想居住条件，但由于高处具有通神作用并且给人以崇高超脱的神秘感，因此我国自古以来就有出于宗教性或精神性的目的，于高山之巅构建与神沟通场所的习惯。山顶空间的"高"体现在山巅通常是周边环境的制高点，也是景观的视线焦点，在造景中常借山顶空间形成点景的天际线；"险"体现在山顶的陡峭；"幻"体现在山顶常出现罕见的景象，如佛光、云海等。

位于山顶的寺庙巧妙地利用优越的地势条件，与其所处的自然环境融为一体，并能获得绝佳的开阔视野，既能满足佛教理想，又能展现山峰令人震撼的自然之美。

九华山天台位于天台正顶之上，海拔1300米。寺庙南面悬崖，经岩壁石拱门进入建筑底层，登上二层可抵达寺庙前的观日台，能很好地观赏九华山诸峰，远眺日出。同时天台寺很好地强化了天台正顶固有的景观特征，具有明显的标志性。从数十里外就可以望见耸立于山巅的天台寺（图5-19、表5-4）。

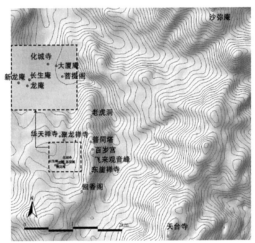

图5-19 九华山山顶、山脊区寺庙分布图
（图片来源：作者自绘）

表5-4 九华山山顶区寺庙分布表

序号	寺庙名称	朝向	海拔（米）	经纬度	地形特征	图片
1	天台寺	南	1250	30°27'53"N 117°49'29"E	山顶	
2	延华寺 （沙弥庵）	西	1123	30°30'18"N 117°50'05"E	山顶	

资料来源：作者自绘

2．山脊

两个坡向相反、坡度不一样的斜坡相遇形成的脊状延伸的条形地貌为山脊，是两个区域的分水岭。山脊能勾勒出山体轮廓，形成天际线，其上建筑物也易被观察到，因此成为视觉构图的元素之一。

九华山典型的山脊空间寺庙有东崖禅寺、回香阁、百岁宫、普同塔、老虎洞、飞来观音峰。这六座寺庙沿九华街东南方向的前山山脊线分布。在九华街能清晰地看到百岁宫—飞来观音峰—回香阁—万佛塔沿山脊线勾勒出的天际线，使寺庙成为视觉焦点（图5-20）的同时，又成为极佳的观景点：向西北可俯瞰九华街全貌，向东南可远望后山从接引庵至天台一线的线性分布寺庙，亦可俯瞰前后山之间的龙溪及闵园盆地景观（表5-5）。

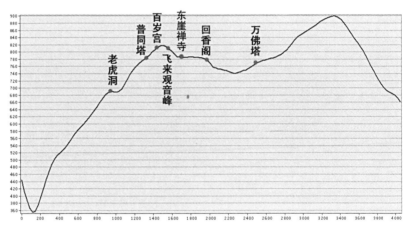

图5-20　九华街前山山脊线寺庙分布立面图
（图片来源：作者自绘）

表5-5　九华街山脊空间寺庙统计表

序号	寺庙名称	朝向	海拔（米）	经纬度	地形特征	图片
1	东崖禅寺	南	783	30°28′43″N 117°48′12″E	山脊	
2	回香阁 （华严寺）	西南	757	30°28′33″N 117°48′7″E	山脊	

序号	寺庙名称	朝向	海拔（米）	经纬度	地形特征	图片
3	百岁宫	南	803	30°28'59"N 117°48'14"E	山脊	
4	普同塔	西南	780	30°28'54"N 117°48'31"E	山脊	
5	老虎洞	东	672	30°29'11"N 117°48'31"E	山脊	
6	飞来观音峰	西南	799	30°28'46"N 117°48'32"E	山脊	

资料来源：作者自绘。

3. 山坡

在山地的各种地形属性中，坡地呈现出倾斜的趋势，所占比例最大。在斜坡上构景，既能巧妙地因借不同海拔高度的自然风景，也能成为被借景的对象，并以山体为背景，打造出极为丰富的景观层次（表5-6）。

九华山位于坡地的寺庙占总数的40.37%，远超过其他地形空间的寺庙数量，坡地空间的寺庙视野开阔，是俯瞰、远眺的良好观景点，其与景区主路之间通过步道、蹬道等人行通道进行连接。

依据寺庙所处的坡地空间形态可分为：凹坡、凸坡、平坡三类（表5-6）。

表5-6　九华山坡地空间寺庙统计表

序号	寺庙名称	朝向	海拔（米）	经纬度	地形特征	图片
1	华严海慧寺	北	701	30°28′20″N 117°48′36″E	凹坡	
2	吉祥寺	西北	803	30°28′12″N 117°48′45″E	凹坡	
3	慧居寺	东南	755	30°28′14″N 117°47′40″E	凹坡	
4	朝阳庵	西北	938	30°28′48″N 117°48′54″E	凹坡	
5	复兴庵	西北	877	30°28′09″N 117°48′51″E	凹坡	
6	翠峰寺	东南	720	30°31′13″N 117°50′51″E	凹坡	
7	燕子洞	南	373	30°29′29″N 117°48′15″E	凹坡	
8	观自茅蓬	西	689	30°28′17″N 117°48′30″E	平坡	

序号	寺庙名称	朝向	海拔（米）	经纬度	地形特征	图片
9	上禅堂	东南	649	30°28′44″N 117°47′39″E	平坡	
10	慈佛精舍	西	685	30°28′10″N 117°47′17″E	平坡	
11	普渡禅寺	西	674	30°28′10″N 117°48′17″E	平坡	
12	朝阳庵下院	西	679	30°28′11″N 117°48′21″E	平坡	
13	香山茅蓬	西南	691	30°28′06″N 117°48′25″E	平坡	
14	大金刚寺	西北	682	30°28′10″N 117°48′24″E	平坡	
15	寂光精舍	北	696	30°28′10″N 117°48′24″E	平坡	
16	药师茅蓬	西	695	30°28′09″N 117°48′24″E	平坡	

序号	寺庙名称	朝向	海拔（米）	经纬度	地形特征	图片
17	永兴茅蓬（其二）	西南	665	30°28′20″N 117°48′23″E	平坡	
18	金刚茅蓬	西	665	30°28′15″N 117°48′21″E	平坡	
19	圆通庵	东南	244	30°34′51″N 117°50′47″E	平坡	
20	小天台	西	742	30°28′15″N 117°47′47″E	平坡	
21	圆觉精舍	西	732	30°28′17″N 117°47′47″E	平坡	
22	准提庵	西南	713	30°28′19″N 117°47′46″E	平坡	
23	西天寺	西	631	30°28′58″N 117°48′21″E	平坡	
24	万福庵	西	675	30°28′58″N 117°48′25″E	平坡	

序号	寺庙名称	朝向	海拔（米）	经纬度	地形特征	图片
25	观音洞	西	626	30°29′09″N 117°48′25″E	平坡	
26	拜经台	西南	1158	30°27′54″N 117°49′23″E	平坡	
27	观音峰	西南	1100	30°27′55″N 117°49′20″E	平坡	
28	西竺庵	西北	337	30°29′41″N 117°47′35″E	平坡	
29	罗汉墩	东南	1240	31°49′29″N 117°11′40″E	平坡	
30	大悲院	西北	1179	30°28′05″N 117°49′29″E	平坡	
31	九莲精舍	西	682	30°28′00″N 117°48′39″E	平坡	
32	千佛寺	西北	969	30°28′04″N 117°49′38″E	平坡	

序号	寺庙名称	朝向	海拔（米）	经纬度	地形特征	图片
33	甘泉茅蓬	西	665	30°29'02"N 117°48'25"E	平坡	
34	肉身殿	北	673	30°28'44"N 117°47'35"E	凸坡	
35	九子寺	东北	478	30°32'05"N 117°51'17"E	凸坡	
36	心安禅寺	东南	431	30°30'05"N 117°51'42"E	凸坡	
37	龙池庵	东北	381	30°29'31"N 117°48'13"E	凸坡	
38	甘露寺	北	245	30°29'41"N 117°48'07"E	凸坡	
39	白云禅林	南	566	30°28'51"N 117°47'31"E	凸坡	
40	净戒禅院	西	610	30°28'41"N 117°47'36"E	凸坡	

序号	寺庙名称	朝向	海拔（米）	经纬度	地形特征	图片
41	大慈藏寺	南	719	30°28'22"N 117°47'49"E	凸坡	
42	地藏禅寺	东南	671	30°28'40"N 117°47'52"E	凸坡	

资料来源：作者自绘。

（1）平坡

平坡空间地形较为均质，对视线方向的限定较弱，一般多位于河谷和山谷两侧，例如闵园盆地的东南侧山坡上的慈佛精舍、普渡寺、朝阳庵下院、香山茅蓬、大金刚寺、寂光精舍、药师茅蓬；九华河谷底西侧的西竺庵；朱备镇的永兴茅蓬、金刚茅蓬等（图5-21）。

（2）凹坡

凹坡空间两侧高，中间低，有明显的地形围合。建于凹坡之上的寺庙以山体作为背景，两侧地形呈环抱之势。凹坡空间分为两类：一是位于山谷两侧的坡地上，内凹尺度虽小，但空间环抱之势较强，视野较为封闭，地形对视线有极强的控制力，一般具有单向的景观，较典型的寺庙有慧居寺—吉祥寺—复兴庵—朝阳庵，四个寺庙沿后山通往天台的道路分布（图5-22）。第二类位于谷地上部接近山顶的地方，此处是各谷聚气的源头，空间形态虽属凹形，但环抱之势较弱，位于这种空间的寺庙皆朝向谷口，成为沿谷地上行时重要的控制性视觉焦点，代表性寺庙有翠峰寺（图5-23）。

（3）凸坡

凸坡空间特征与山脊类似，不像山脊那样具有明确的空间指向态势，具有多个方向的坡向。凸坡空间寺庙视野较为开敞，视线范围大于凹坡与平坡上构建的寺庙，景观界面大于180度，同时又因容易从各个位置观察到寺庙所在，多成为重要的借景、对景的对象。

九华山比较典型的凸坡寺庙有甘露寺、龙池庵、净戒禅院、白云禅林、肉身殿、大慈藏寺、心安禅寺（图5-24）。

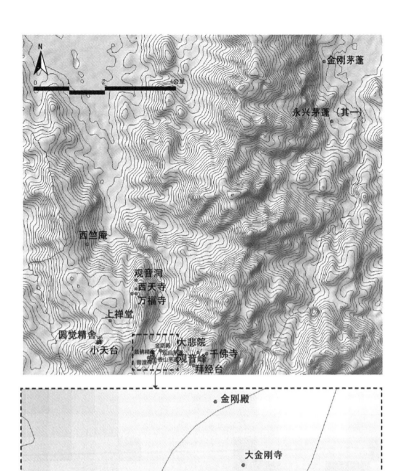

图5-21 九华山平坡区寺
庙分布图
（图片来源：作者自绘）

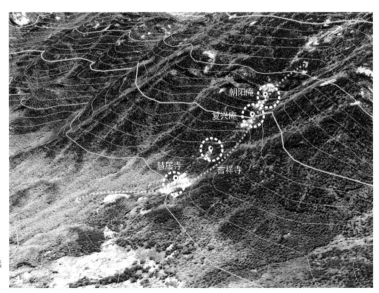

图5-22 小尺度凹坡选
址空间位置分析
（图片来源：作者自绘）

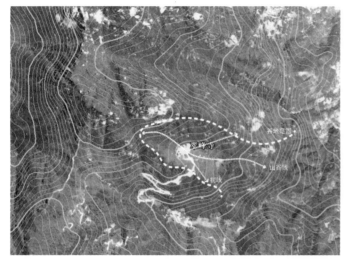

图5-23　山谷顶部型凹坡寺庙
选址空间分析
（图片来源：作者自绘）

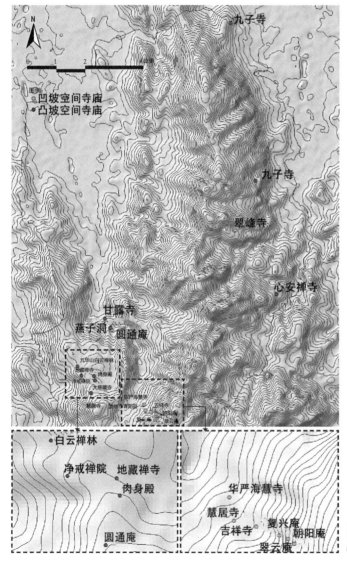

图5-24　九华山凹坡和凸坡空
间寺庙分布图
（图片来源：作者自绘）

4．山麓

山坡和周围平地之间的过渡带为山麓，下接河谷、谷地或平地，有明显的转折。九华山山麓空间与其他地形空间相比，其优点如下：多濒临河流水系，取水方便；多直接与景区主路相连，交通便利；地形较为平缓，适于建设和扩建活动展开；寺庙背有靠山，既可以形成良好的小气候，又能成为景观背景。

具有如此之多优点的山麓空间为寺庙建设提供了良好的基础条件。九华山共有27座位于山麓地带的寺庙，占寺庙总数的24.77%（图5-25、表5-7）。按照寺庙与地形的关系可分为两类：一类是建在平地上的寺庙，这类寺庙内各进院落间无高程变化，例如旃檀林、天池古庵、立庵等；另一类是建于坡地空间的寺庙，寺庙中的每进院落之间通过台阶、坡道等要素来消化坡地高差，例如祇园寺、闵公禅寺、双溪寺、通慧庵等。

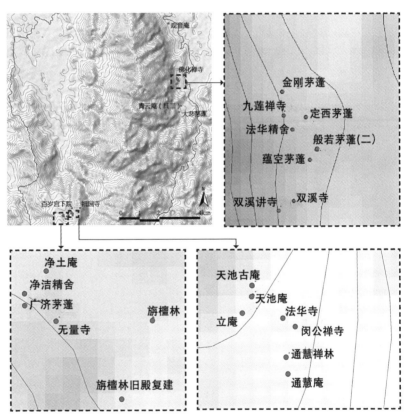

图5-25　九华山山麓、平地区寺庙分布图
（图片来源：作者自绘）

表5-7 九华山山麓空间寺庙统计表

序号	寺庙名称	朝向	海拔（米）	经纬度	地形特征	图片
1	百岁宫下院	南	591	30°29'00"N 117°47'56"E	山麓	
2	旃檀林	北	606	30°28'47"N 117°47'47"E	山麓	
3	旧旃檀林（原貌移建）	南	606	30°28'47"N 117°47'47"E	山麓	
4	祇园寺	西南	597	30°28'58"N 117°47'57"E	山麓	
5	天池庵	西	598	30°28'42"N 117°48'15"E	山麓	
6	立庵	西南	598	30°28'50"N 117°47'56"E	山麓	
7	闵公禅寺	西	616	30°28'49"N 117°47'59"E	山麓	
8	法华寺	西南	611	30°28'50"N 117°47'58"E	山麓	

序号	寺庙名称	朝向	海拔（米）	经纬度	地形特征	图片
9	双溪寺	东南	99	30°32'11"N 117°51'42"E	山麓	
10	佛化禅寺	东南	47	30°32'27"N 117°51'58"E	山麓	
11	青云庵	东	97	30°31'35"N 117°51'49"E	山麓	
12	蕴空茅蓬	东南	103	30°32'14"N 117°51'44"E	山麓	
13	般若茅蓬	东南	100	30°32'15"N 117°51'45"E	山麓	
14	九莲禅寺	东南	118	30°32'18"N 117°51'41"E	山麓	
15	定西茅蓬	东	109	30°32'18"N 117°51'44"E	山麓	
16	法华精舍	东南	117	30°32'17"N 117°51'42"E	山麓	

序号	寺庙名称	朝向	海拔（米）	经纬度	地形特征	图片
17	观音庵	东南	76	30°33'49"N 117°51'26"E	山麓	
18	大悲茅蓬	东北	140	30°31'24"N 117°51'45"E	山麓	
19	金刚茅蓬 （后山）	东北	106	30°32'20"N 117°51'41"E	山麓	
20	天池古庵	东	598	30°28'43"N 117°48'15"E	山麓	
21	通慧庵	南	615	30°28'38"N 117°48'18"E	山麓	
22	通慧禅林	西	612	30°28'39"N 117°48'17"E	山麓	
23	净土庵	南	614	30°28'39"N 117°48'00"E	山麓	
24	无量寺	东	618	30°28'36"N 117°48'00"E	山麓	

序号	寺庙名称	朝向	海拔（米）	经纬度	地形特征	图片
25	净洁精舍	东南	625	30°28'38"N 117°47'58"E	山麓	
26	广济茅蓬	东南	628	30°28'37"N 117°47'58"E	山麓	
27	双溪讲寺	东南	107	30°32'10"N 117°51'41"E	山麓	

资料来源：作者自绘。

5．平坦空间

平坦空间不同于山麓空间中的平坦区域，而是指与周边山体、坡地等地形有一定距离而无明显连接关系的广平空间。该类型寺庙，分布在九华街，包括长生庵、华天禅寺、化城寺、龙庵、新龙庵、聚龙寺、菩提阁、大厦庵（表5-8）。九华街作为山顶盆地，中部地势平坦，为寺庙建设提供了良好的条件。

表5-8　九华山平地空间寺庙统计表

序号	寺庙名称	朝向	海拔（米）	经纬度	地形特征	图片
1	长生庵	南	605	30°28'49"N 117°47'46"E	平地	
2	华天禅寺	西	613	30°28'4"N 117°47'52"E	平地	

序号	寺庙名称	朝向	海拔（米）	经纬度	地形特征	图片
3	化城寺	东南	599	30°28'53"N 117°47'49"E	平地	
4	龙庵	东南	605	30°28'49"N 117°47'46"E	平地	
5	新龙庵	东南	595	30°28'49"N 117°47'46"E	平地	
6	聚龙寺	东南	614	30°29'4"N 117°47'52"E	平地	
7	菩提阁	南	599	30°28'50"N 117°47'52"E	平地	
8	大厦庵	东	599	30°28'53"N 117°47'49"E	平地	

资料来源：作者自绘。

6．山谷

山谷是两个及以上的山坡相夹的带状区域，呈条带状凹陷。位于山谷地带的寺庙的布局取宁静清雅之利，特点是山深林静，环境幽邃（图5-26、表5-9）。集中在山谷的寺庙主要分布在闵园盆地，如心愿庵、九华莲社、接引庵、小金刚寺、光明茅蓬、一心茅蓬、普渡禅寺等。

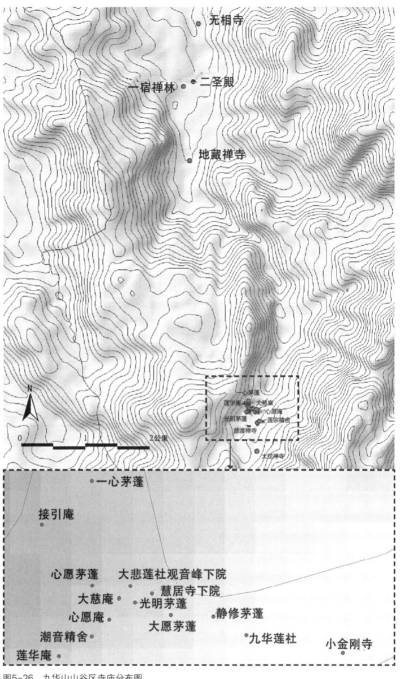

图5-26 九华山山谷区寺庙分布图
（图片来源：作者自绘）

表5-9 九华山山谷空间寺庙统计表

序号	寺庙名称	朝向	海拔（米）	经纬度	地形特征	图片
1	大觉禅寺	西南	708	30°27'55"N 117°48'18"E	山谷	
2	莲宗精舍	西	670	30°28'11"N 117°48'20"E	山谷	
3	静修茅蓬	北	642	30°28'16"N 117°48'17"E	山谷	
4	九华莲社	西北	647	30°28'07"N 117°48'37"E	山谷	
5	慧居寺下院	南	637	30°28'18"N 117°48'15"E	山谷	
6	光明茅蓬	北	636	30°28'17"N 117°48'14"E	山谷	
7	心愿茅蓬	北	630	30°28'18"N 117°48'12"E	山谷	
8	潮音精舍	西南	634	30°28'16"N 117°48'12"E	山谷	
9	胜鬘精舍	西	638	30°46'84"N 117°80'89"E	山谷	
10	大慈庵	东北	634	30°28'17"N 117°48'13"E	山谷	
11	心愿庵	东北	635	30°28'08"N 117°48'32"E	山谷	
12	小金刚寺	北	662	30°28'16"N 117°48'21"E	山谷	
13	大愿茅蓬	东	640	30°28'17"N 117°48'15"E	山谷	
14	莲花庵	东北	634	30°28'17"N 117°48'11"E	山谷	
15	观音峰下院	西南	631	30°28'18"N 117°48'13"E	山谷	
16	接引庵	西	632	30°28'19"N 117°48'10"E	山谷	
17	一心茅蓬	西	623	30°28'21"N 117°48'12"E	山谷	

序号	寺庙名称	朝向	海拔（米）	经纬度	地形特征	图片
18	普渡禅寺	西南	649	30°28'17"N 117°48'20"E	山谷	
19	地藏禅寺 （山下）	东	130	30°30'09"N 117°47'58"E	山谷	
20	一宿禅林	北	94	30°30'45"N 117°47'55"E	山谷	
21	二圣殿	东北	78	30°30'47"N 117°48'01"E	山谷	
22	无相寺	西	81	30°31'15"N 117°48'04"E	山谷	

资料来源：作者自绘。

7．峭壁

峭壁作为一类特殊的选址类型，别具特色。寺庙位于崖壁之上，上空下虚，水平视角开阔，山石嶙峋，地势高耸，对建造技术和艺术都要求极高。

九华山典型的峭壁寺庙是翠云庵，又名"天台半山寺"，俗称"吊桥寺"。寺庙坐东朝西，背依岩谷，面临深渊，与地形结合相当巧妙。寺前原建有一座南北相通的木桥，是由闵园至天台山道的必经之路（表5-10）。

表5-10　九华山峭壁空间寺庙统计表

序号	寺庙名称	朝向	海拔（米）	经纬度	地形特征	图片
1	翠云庵	坐东 朝西	985	30°28'07"N 117°48'56"E	峭壁	

资料来源：作者自绘。

第四节　寺庙朝向

在修建城市、宫殿、陵墓、寺观时，方位朝向在传统风景文化格局中被认为是与吉凶相关的。通常来说，南向日照充足，是传统建筑方位朝向中的首选方位，大多数建筑的主轴均为坐北朝南。

对于九华山寺庙来说，地势复杂、环境多变，寺庙在营造时需要综合考虑生活条件、修建难度、文化、礼制等因素。于是九华山的寺庙朝向呈现出多样化的形式（图5-27、表5-11、表5-12）。

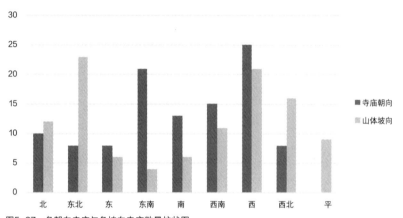

图5-27　各朝向寺庙与各坡向寺庙数量柱状图
（图片来源：作者自绘）

表5-11　九华山寺庙朝向统计表

寺庙朝向	寺庙名称	数量	百分比
北	华严海慧寺、寂光精舍、肉身殿、甘露寺、旃檀林、静修茅蓬、小金刚寺、光明茅蓬、心愿茅蓬、一宿禅林	10	9.26%
东北	九子寺、龙池庵、大悲茅蓬、金刚茅蓬（后山）、莲花庵、大慈庵、二圣殿、心愿庵	8	7.41%
东	青云庵、定西茅蓬、天池古庵、无量寺、老虎洞、大厦庵、大愿茅蓬、地藏禅寺（山下）	8	7.41%
东南	慧居寺、翠峰寺、上禅堂、圆通庵、罗汉墩、心安寺、地藏讲寺、双溪寺、佛化禅寺、蕴空茅蓬、般若茅蓬、九莲禅寺、法华精舍、观音庵、净洁精舍、广济茅蓬、双溪讲寺、化城寺、龙庵、新龙寺、聚龙寺	21	19.44%
南	燕子洞、白云禅林、大慈藏寺、百岁宫下院、旧旃檀林（原貌移建）、通慧庵、净土庵、东崖禅寺、百岁宫、天台寺、长生庵、菩提阁、慧居寺下院	13	12.04%
西南	香山茅蓬、永兴茅蓬（其二）、准提庵、拜经台、观音峰、祇园寺、立庵、法华寺、回香阁、普同塔、飞来观音峰、大觉禅寺、普济庵、潮音精舍、观音峰下院	15	13.89%

寺庙朝向	寺庙名称	数量	百分比
西	观自茅蓬、慈佛精舍、普渡寺、朝阳庵下院、朝阳庵下院、药师茅蓬、金刚茅蓬、小天台、圆觉精舍、西天寺、万福庵、观音洞、九莲精舍、甘泉茅蓬、净戒禅院、天池庵、闵公禅寺、通慧禅林、延华寺（沙弥庵）、华天禅寺、莲宗精舍、胜鬐精舍、接引庵、一心茅蓬、无相寺、翠云庵	25	23.15%
西北	吉祥寺、朝阳庵、复兴庵、大金刚寺、西竺庵、大悲院、千佛寺、九华莲社	8	7.41%

资料来源：作者自绘。

表5-12　九华山寺庙选址与山体坡向统计表

山体坡向	平	北	东北	东	东南	南	西南	西	西北
寺庙数量	9	12	23	6	4	6	11	21	16

资料来源：作者自绘。

第五节　寺庙尺度与形态

尺度概念在中国的形成历史悠久，是体现布局美学及文化内涵的要素。中国传统园林中，通过建筑和园林与外部环境体量形态相互配合，调控大小、远近、主从、动静的变化关系，实现空间感受上的协调。

九华山寺庙的尺度形态是基于生产生活要素、寺庙功能、美学、文化因素考虑的，以平面形态和空间形态的方式表现出组合规律。

本节将九华山现存的57座寺庙做了系统的整理分析（除去现代重新设计的寺庙以及严重破坏至无法辨认的寺庙）。

一、尺度分类

本书将研究范围内的57座寺庙分为三类：大型寺庙（面积大于1900平方米）、中型寺庙（面积介于480~1900平方米）、小型寺庙（面积小于480平方米），并针对每一类寺庙的特征进行分析和总结（表5-13）。

表5-13　九华山寺庙尺度分类

类别	寺庙名称	面积（平方米）	海拔（米）	地形特征
大型寺庙	翠峰寺	7434	720	山坡——凹坡
	肉身殿	5537	673	山坡——凸坡
	甘露寺	5050	245	山坡——凸坡

类别	寺庙名称	面积（平方米）	海拔（米）	地形特征
大型寺庙	慧居寺	3968	755	山坡——凹坡
	九子寺	3648	478	山坡——凹坡
	青云庵	3168	97	山麓
	华天禅寺	2926	613	平地
	祇园寺	2904	597	山麓
	华严海慧寺	2900	701	山坡——凹坡
	胜鬘精舍	2856	638	山谷
	百岁宫	2068	803	山脊
	双溪寺	1920	99	山麓
	化城寺	1909	599	平地
中型寺庙	通慧庵	1748	615	山麓
	聚龙寺	1548	614	平地
	心安寺	1320	431	山坡——凸坡
	大觉禅寺	1242	708	山谷
	立庵	1224	598	山麓
	莲宗精舍	1176	670	山谷
	普渡禅寺	1161	649	山谷
	小天台	1127	742	山坡——平坡
	长生庵	1127	605	平地
	龙池庵	1125	381	山坡——凸坡
	莲花庵	1012	634	山谷
	普渡寺	930	674	山坡——平坡
	吉祥寺	884	803	山坡——凹坡
	万福庵	805	675	山坡——平坡
	东崖禅寺	741	783	山脊
	九华莲社	735	647	山谷
	观音峰	690	1100	山坡——平坡
	复兴庵	651	877	山坡——凹坡
	慈佛精舍	625	685	山坡——平坡
	上禅堂	616	649	山坡——平坡
	朝阳庵下院	594	679	山坡——平坡
	九莲精舍	580	682	山坡——平坡
	静修茅蓬	550	642	山谷
	天池庵	527	598	山麓
	天池古庵	510	598	山麓
	龙庵	480	605	平地

类别	寺庙名称	面积（平方米）	海拔（米）	地形特征
小型寺庙	光明茅蓬	459	636	山谷
	法华寺	456	611	山麓
	潮音精舍	425	634	山谷
	朝阳庵	400	938	山坡——凹坡
	大金刚寺	364	682	山坡——平坡
	香山茅蓬	342	691	山坡——平坡
	大慈庵	308	634	山谷
	无量寺	304	618	山麓
	接引庵	304	632	山谷
	翠云庵	286	985	山坡——凹坡
	新龙庵	285	595	平地
	净土庵	247	614	山麓
	小金刚寺	240	662	山谷
	观音峰下院	240	631	山谷
	慧居寺下院	228	637	山谷
	寂光精舍	208	696	山坡——平坡
	大愿茅蓬	130	640	山谷
	心愿茅蓬	81	630	山谷

资料来源：作者自绘。

1．大型寺庙

研究范围内的大型寺庙共13座。通过分析得出，九华山的大型寺庙大多分布在山麓、缓坡。其中有4座寺庙分布在九华街，九华街是九华山的核心区域，位于山顶盆地，地势平坦，为寺庙修建提供了良好的条件，适宜修建大型寺庙。其他大型寺庙如翠峰寺、九子寺、慧居寺、华严海慧寺均分布于山体的凹坡。地势较缓的凹坡环抱寺庙，形成适宜生存的小气候，同时山体汇水形成溪涧，为寺庙僧人的生产生活提供了基本保障。

2．中型寺庙

研究范围内的中型寺庙共26座。中型寺庙多分布于九华街和闵园，或隐于山林，如心安寺、普渡禅寺、上禅堂等；或借山势而建，选址于山顶，以获得绝佳的观景视野，如东崖禅寺、小天台、观音峰等。

3．小型寺庙

研究范围内的小型寺庙共18座。

小型寺庙在山谷分布较多，大多集中在闵园尼庵群。该区域位于前后山之间的山谷，远离九华山核心区。旧时交通相对不便，香客较少，加之政府的财政资金支持不足，该区域寺庙集中而密集，规模普遍较小。

小型寺庙结构往往相对简单，仅由1~2座建筑和狭小的院落空间组成。有些寺庙规模较小是受地形限制，如翠云庵、朝阳庵；有些是由其功能决定的，例如接引庵，是游人从九华街步行上天台的必经之路，接引香客和游人，故其结构相对简单，满足供游人停留暂驻的作用。

二、平面形态

九华山寺庙的平面形态分为三种类型：自由式布局、多进院落、单进院落。自由式布局往往顺应山势进行建筑的排布和院落空间的组织；多进院落建筑围合空间层次较为丰富；单进院落结构最为简单，若干建筑围合成一个院落空间。

1.自由式布局寺庙

自由式布局的寺庙由于受地形条件限制，形态随山的走势布置。建筑沿等高线分布在不同高度的台地上。没有明确的轴线，山门、寺庙主殿、地藏殿等建筑往往是错位或转折的关系。通常大型寺庙中自由式布局较多（图5-28）。

甘露寺是自由式寺庙布局的代表。整个寺庙建筑分布在错落的台地上。天王殿、大雄宝殿和藏经楼的轴线是转折错位的关系。古木楼、僧寮、上客堂等其他建筑顺应地势布局，没有遵循原有的轴线序列（图5-29）。

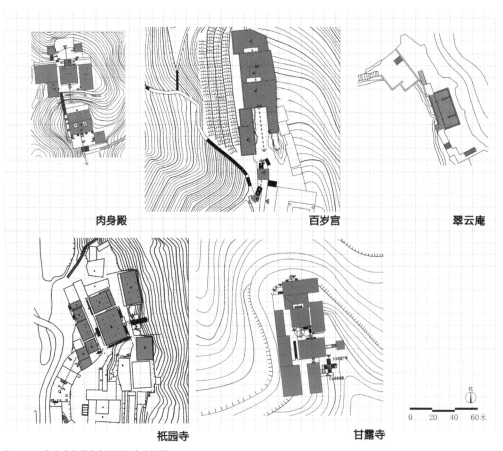

肉身殿　　　　　百岁宫　　　　　翠云庵

祇园寺　　　　　甘露寺

图5-28　自由式布局寺庙平面形态分析图
（图片来源：作者自绘）

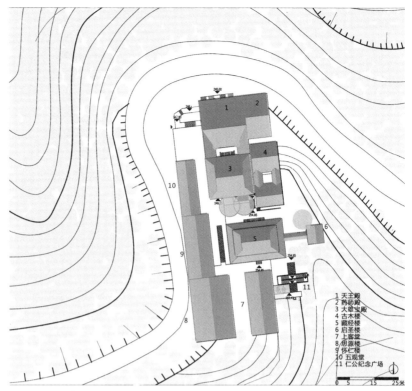

图5-29　甘露寺平面图
（图片来源：作者自绘）

1 天王殿
2 药师殿
3 大雄宝殿
4 古木楼
5 藏经楼
6 启圣楼
7 上客堂
8 思源楼
9 怀仁楼
10 五观堂
11 仁公纪念广场

2. 多进院落寺庙

多进院落的寺庙通常由两到三进院落组成，形态较规则，轴线明确，左右两侧基本对称。序列通常是天王殿—大雄宝殿—藏经楼或地藏宝殿，两侧为僧寮、厨房或客寮。有些寺庙建筑是纵深布局，故以天井相连，提供采光、汇水的功能，更显紧凑和因地制宜，平添一份灵秀与精巧。例如化城寺和华天禅寺（图5-30）。

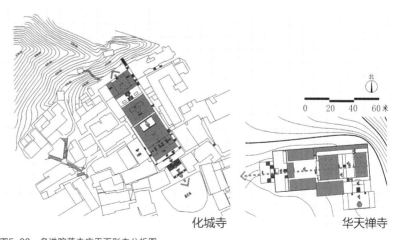

化城寺　　　　　　　　华天禅寺

图5-30　多进院落寺庙平面形态分析图
（图片来源：作者根据现场实测自绘）

化城寺为明末四进院落式民居建筑，前三进殿宇为清末修建，第四进藏经楼仍保持明代建筑风貌。寺背倚虎形山，门前有放生池和石板广场、娘娘塔。建筑布局呈对称式，有明确的轴线。寺庙由四进组成：天王殿—大雄宝殿—后进院落—藏经楼，四进随地势逐渐升高。其中天王殿，宽20米，进深20.5米，敞厅堂，有落水天井，东、西两侧有伴廊。殿厅上方的藻井，四周镶画板一圈，呈满天星斗状，结构严谨，造型精美。三个主体建筑与东西两侧的建筑围合成一个院落和一个天井（图5-31）。

3．单进院落寺庙

寺庙结构较简单，通常三面建筑围合，一面是山门，围合出一个院落空间，庵宅合一。多数寺庙没有明确的轴线，院落结构较松散不规则，封闭感较弱，随建筑和地形的变化灵活布局，院内大多有花圃和菜田，植物搭配较为精致。

双溪寺为大型单进院落寺庙，位于九华山后山、青阳县朱备镇东桥村僧家山。1978年重建地藏殿，建筑面积166.5平方米；又建斋堂，建筑面积81平方米。1981年重建弥勒殿，建筑面积78平方米，1995年住持僧道林在原寺址重建大雄宝殿，坐西朝东，宫殿式，重檐翘角，高25米，长23米，宽17米，建筑面积540平方米。主体建筑围合成单进院落，轴线明确（图5-32、图5-33）。

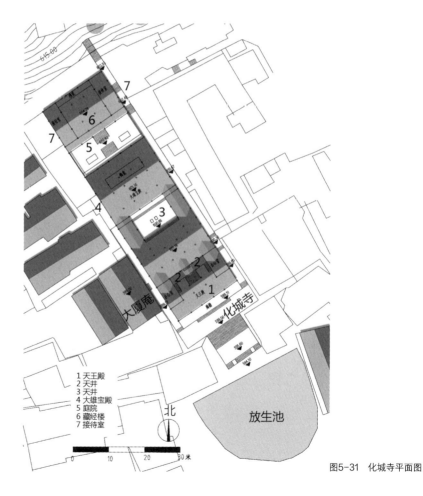

1 天王殿
2 天井
3 天井
4 大雄宝殿
5 庭院
6 藏经楼
7 接待室

北

放生池

0   10   20   30米

图5-31 化城寺平面图

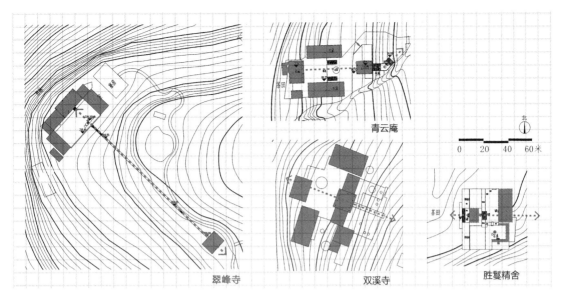

图5-32　大型单进院落寺庙平面形态分析图
（图片来源：作者根据现场实测自绘）

1 大雄宝殿
2 韦陀殿
3 双溪讲寺
4 地藏殿

北

图5-33　双溪寺平面图

吉祥寺为中型单进院落寺庙，位于天台峰西麓、慧居寺上方，始建于清光绪三十二年（1906年），由住持风松募建。寺庙由吉祥禅寺和围墙为合成单进院落，韦陀殿和大雄宝殿顺应山势分布在两个台层上（图5-34、图5-35）。

　　法华寺位于东崖西麓、闵公墓西南侧，是小型单进院落。民国4年（1915年）由心坚募建。民国29年（1940年）被日本侵略军烧毁，此后寺僧筑一茅蓬。1984年重建，坐北朝南，寺庙主体建筑为民居式，2层，5开间，建筑面积175平方米。由建筑和围墙围合成一个院落，院中放置香炉和钟，种植两株桂花树，法华禅寺建筑后有菜田，由僧人耕种（图5-36、图5-37）。

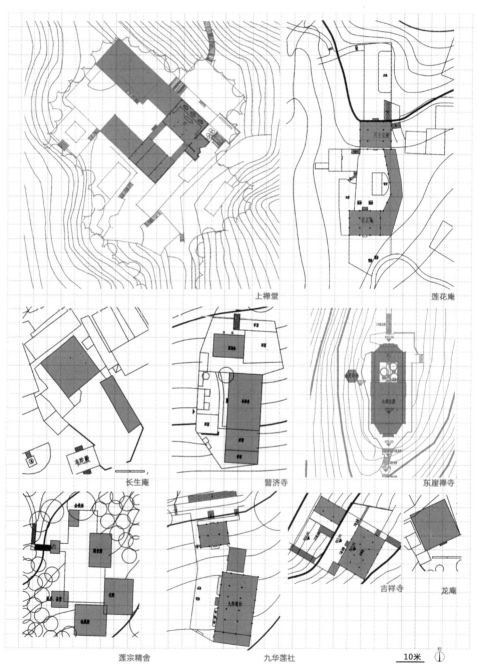

图5-34　中型单进院落寺庙平面形态分析图
（图片来源：作者根据现场实测自绘）

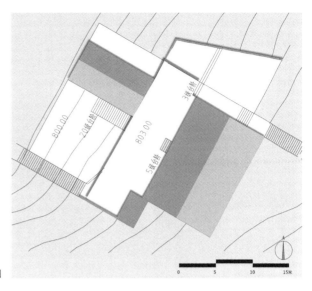

图5-35 吉祥寺平面图

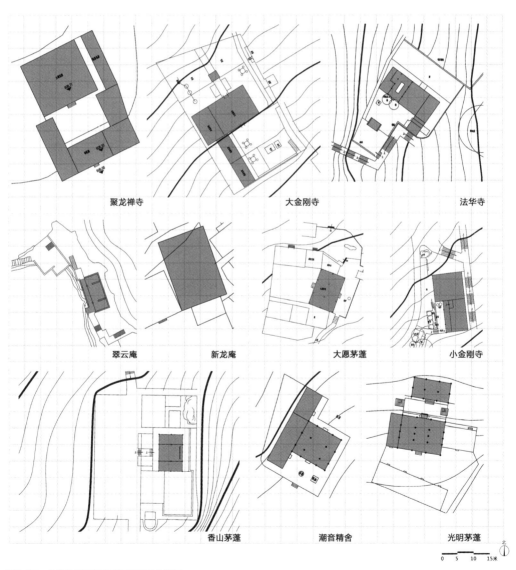

聚龙禅寺　　　　　　大金刚寺　　　　　　法华寺

翠云庵　　　　　新龙庵　　　　　大愿茅蓬　　　　　小金刚寺

香山茅蓬　　　　　潮音精舍　　　　　光明茅蓬

图5-36　小型单进院落寺庙平面形态分析图
（图片来源：作者根据现场实测自绘）

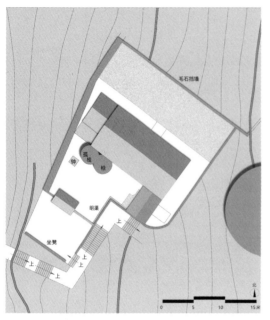

图5-37　法华寺平面图

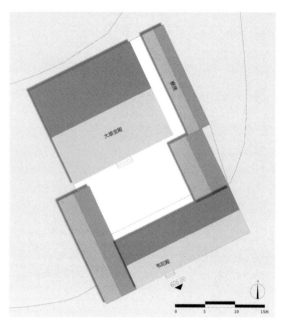

图5-38　聚龙禅寺平面图

聚龙禅寺是小型单进院落寺庙，位于九华街北岭头原三天门处，与华天池毗邻。原名聚龙庵，始建于清代，康熙年间（1662—1722年）为化城寺东庑寮房之一。清末住持僧开祥扩修。寺殿坐北朝南，民居式，砖木结构，2层楼宇，建筑面积791平方米。古时游人从原三天门至九华街，聚龙寺为必经寺院。九华山开放后，寺门前旷地被建为民宅。1992年起，住持尼慧莲整修殿宇并扩建山门殿、寮房、斋堂等，建筑面积1280平方米，同时新塑地藏菩萨佛像，从而香火日盛。1994年在大殿南边建韦陀殿，建筑面积186平方米。1997年在大殿西侧新建2层厨房、斋堂，建筑面积359.76平方米。现老殿宇为民居式四合院。2004—2012年，尼慧莲在老殿前百米处菜地恢复古庙观音殿，民居式，建筑面积200余平方米（图5-38）。

三、空间形态

1. 图底关系

中国传统的尺度感是基于三维空间的控制。这种透视构图的方法通过现场环境真实视角对建筑的尺度形态进行把控，实现建筑与自然山林协调的目标，不同景深的景观元素相互搭配形成协调的透视画面。

九华山寺庙的透视构图类型分为以下几种（图5-39）：

（1）以天空为背景

当寺庙位于山顶时，多以天空为背景，如百岁宫。为了突出寺庙至高无上的地位，也会以天空为背景来突出寺庙轮廓，如化城寺。

以竹林为背景

以天空为背景

以山体为背景

图5-39　寺庙透视构图类型
（图片来源：作者自绘，底图为作者自摄）

（2）以山体为背景

九华山众多寺庙位于九华街，闵园盆地，被山体环抱。山体作为寺庙的背景，可以对寺庙形成很好的衬托，同时也能在透视构图上实现寺庙与山体尺度形态的协调与平衡。

（3）以竹林为背景

九华山竹林茂密，青翠欲滴，犹如绿海碧浪，景色清幽，调谐了清净佛国的宁静气氛。例如甘露寺、九子寺、翠峰寺等寺庙背景以成片的竹林烘托出质朴的佛寺建筑。

2．D/H比例关系

根据透视原理，在寺庙选址与山体的相对位置固定时，控制寺庙的尺度形态、庭院的空间大小，从而改变观赏点与寺庙、山体的水平距离关系和竖向高差，便能够寻找寺庙与山体的最佳透视构图。

现代研究对于人的视觉尺度给出了量化标准，认为在水平范围上，双眼的最大视觉范围为120°，在60°范围内观看物体比较清晰，30°范围内更为清晰。垂直方向上，双眼可视范围为150°，60°范围视物较为清晰，36°内视物最佳。

观测点到被观测物体的距离*D*和观测物体的高度*H*之间的比例，对于观测者的视觉感受有直接影响，详见表5-14。

表5-14 视距与视高比例对视觉感受的影响

D/H	仰角	视觉感受
>3	<18°	观看全貌，对细节的观察开始削弱
3	18°	能够掌握全貌
2	27°	均衡与疏离的界线，能够良好地观察细节
1	45°	均衡的空间
<1	>45°	具有紧迫感的空间，引导视线向上延伸，对整体的掌控削弱

资料来源：引自《峨眉山风景名胜区寺庙景观理法研究》。

入口空间是观赏寺庙形象的主要界面，视线上要能展示建筑全貌。化城寺的入口广场面积较大，以凸显开山祖寺的地位。广场与山门建筑的*D/H*为4.5，仰角6.86°，能观看建筑全貌，突出化城寺与放生池的整体庄严的视觉效果。从放生池北端到山门建筑的*D/H*为1.25，仰角18.41°，这个位置观看山门建筑能良好地观察建筑细节，介于疏离与均衡之间（图5-40、图5-41）。

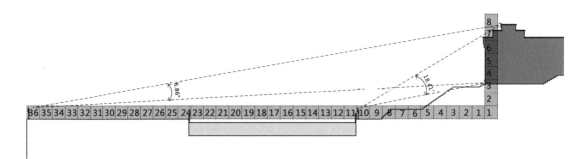

图5-40 化城寺入口视角及视高比例分析
（图片来源：作者根据现场实测自绘）

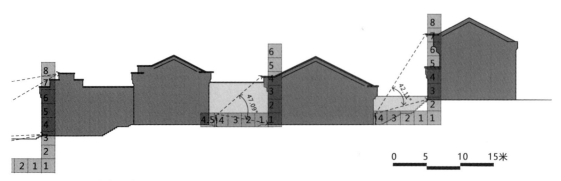

图5-41 化城寺内部庭院透视构图关系
（图片来源：作者根据现场实测自绘）

同时，透视构图的关系也控制着寺庙内部庭院的比例构图。较高的建筑和狭小的庭院或天井能够通过屋顶框出天空，使屋顶的形态更加明确、清晰。

通过统计发现，九华山主要寺庙建筑高度在10～17米之间，个别建筑高于20米或低于10米。根据数据统计可得出，化城寺、肉身殿、立庵、二圣殿、龙庵的主体建筑D/H接近1，是均衡的空间。百岁宫、慧居寺的藏经楼、长生庵、心安寺的D/H值接近2，处在均衡与疏离的界限，能很好地观察细节。祇园寺、天台寺、拜经台等寺庙由于受地形限制，没有足够的观赏视距，D/H小于1，具有紧迫感，引导视线向上延伸，凸显寺庙主体建筑的宏伟挺拔，但对于建筑整体的掌控削弱（表5-15、图5-42）。

表5-15　九华山主要寺庙建筑尺度统计表

寺庙名称	单体建筑	面阔（米）	进深（米）	高度（米）	台基高度（米）	视距（米）	D/H
化城寺	大雄宝殿	19.8	16.9	7.2	0.3	7.2	0.96
	藏经楼	19.8	13.5	8.4	3.13	8	0.69
肉身殿	肉身宝殿	14.2	15.2	15.5	2.25	17	0.96
祇园寺	大雄宝殿	25.2	18.2	19.5	1.35	4.9	0.24
百岁宫	大雄宝殿	19.8	13.8	10.9	0	25	2.29
慧居寺	韦陀殿	19	9	9.5	0.3	7	0.71
	藏经楼	21.6	15.6	13	2.25	27	1.77
	山门殿	18.6	11.6	11.7	0.6	6	0.49
	大雄宝殿	12	10	10	0.75	7	0.65
长生庵	大殿	18	20	15	0.6	31	1.99
天台寺	大雄宝殿	21	20	17	0.45	4	0.23
拜经台	新大雄宝殿	18	17	16	0.75	8.1	0.48
	万佛殿	13	8	·13	0	10	0.77
立庵	老立庵	14	18.5	17	0	16.5	0.97
	新立庵	14	31	17	0	15.3	0.90
二圣殿	大殿	11	9	11	5.55	14.8	0.89
龙庵	庵	23	26	15	0.45	17	1.10
心安寺	大雄宝殿	20.5	10.8	7.5	2.25	18.3	1.88

资料来源：作者自制。

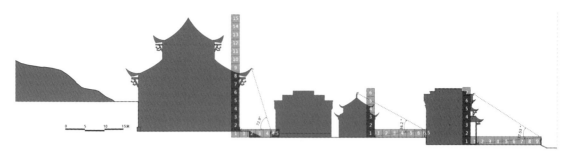

图5-42　祇园寺内部庭院透视构图关系
（图片来源：作者根据现场实测自绘）

参考文献

[1]　[唐]李白.《望九华赠青阳韦仲堪》.

[2]　[清]光绪. 周赟. 九华山志.

[3]　吴爱国. 风景名胜区中历史街区的保护与发展对策研究[D]. 同济大学，2007.

[4]　李白. 改九子山为九华山联句并序.

[5]　白雪. 乡土语境中的建筑创作——九华山风景区建筑设计研究[D]. 清华大学，2002.

[6]　谢岩磊. 山地汉传佛教寺院规划布局与空间组织研究[D]. 重庆大学，2012.

[7]　赵光辉. 中国寺庙的园林环境[M]. 北京：北京旅游出版社，1987.11.

[8]　李玲. 中国汉传佛教山地寺庙的环境研究[D]. 北京林业大学，2012.

[9]　潘谷西. 江南理景艺术[M]. 南京：东南大学出版社，2001.4.

[10]　肖遥. 峨眉山风景名胜区寺庵景观理法研究[D]. 北京林业大学，2016.

[11]　郭永久. 园林尺度研究[D]. 北京林业大学，2012.

第 六 章

九华山寺庙景观构成与
理法析要

本章从寺庙建筑空间布局、寺庙引导空间序列的组织、寺庙环境空间布局三个方面对九华山寺庙景观构成进行系统的分析。在寺庙建筑空间布局中，选取老旃檀林、上禅堂、祇园寺、朝阳庵4个寺庙作为重点案例进行阐述。在引导空间序列的组织中，选取了化城寺、百岁宫、二圣殿、回香阁、天台寺5个寺庙作为重点案例进行阐述。在寺庙环境空间布局中，选取东崖禅寺、莲花庵、青云庵、胜鬘精舍、华天禅寺、香山茅蓬、翠峰寺、小天台、甘露寺、百岁宫10个寺庙作为重点案例进行阐述。

　　寺庙由室内、室外两种空间构成。室内空间供奉佛、菩萨塑像；室外空间包括院墙内外的景观，建筑、庭院、寺庙周边的风景环境都属于寺庙景观的范畴。

第一节　寺庙建筑空间

一、徽派建筑特征

　　九华山地区乡土建筑在地域上属于皖南徽派民居，风格质朴、素雅、清新、俊朗。

　　1. 徽派建筑的起源

　　作为中国古代建筑最为重要的流派之一，徽派建筑始终保持古朴、典雅的艺术风格。

　　传统徽派民居建筑形式最早出现于殷商时期。秦代以后，古徽州人为了适应当地多山的环境，建造了以竹为骨架，茅草为顶的"干栏式"建筑。古越文化与中原文化的交融使古徽州建筑形式开始变化，演变至今形成当今徽派建筑体系。

　　2. 徽派建筑的外部空间特征

　　徽州民居建筑群落体系由独立单元住宅组合形成建筑群，以沟渠、湖塘、街巷串联。主要组合方式分为以下几种：a、前后组合，b、左右组合，c、包围式组合，d、链接式组合。组合方式灵活多变，单元之间既相互连通又各自保持独立（图6-1）。

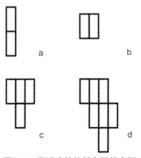

图6-1　徽派建筑外部空间组合形式图
（图片来源：《徽派民居建筑群落体系分析与应用研究》）

3．徽派建筑的内部空间特征

徽派民居为能适应皖南山区多雨潮湿的气候，设计了内天井、四坡水屋面，外观采用朴实简洁的褐瓦白墙，冬暖夏凉，适宜居住。

徽派建筑以最传统的三间式建筑为基础，向不同方向延伸扩展，形成6种基本组合形式：a、三间式，b、大三间式，c、大厅式，d、小四合式，e、大四合式；f、穿堂式。

二、建筑组合空间特征

九华山的寺庙建筑吸收了皖南民居的特点。小型寺庙通常只有一进或两进院落，独立成为寺庙。通常在正堂供奉佛像，两侧厢房用于僧人居住。外观与皖南民居一致。规模稍大一些的寺庙，主殿进深较大，为保证建筑采光通风，在主殿前设计天井，佛殿与入口前厅相通，以扩大室内空间的视觉效果。祇园寺、百岁宫、旧旃檀林等大型寺庙，有独立的大殿，但整体建筑风格仍然保持民居形式。功能与建造条件决定了寺庙的外观特征（图6-2、图6-3）。

由于九华山独特的地势，寺庙单体的用地较为局促，极少遵循传统规整的寺庙景观序列进行布局。大多数寺庙顺应山势，沿山路布局，时隐时现，融入山林。

图6-2　1981年旃檀林民居寺院旧貌
（图片来源：单德启摄）

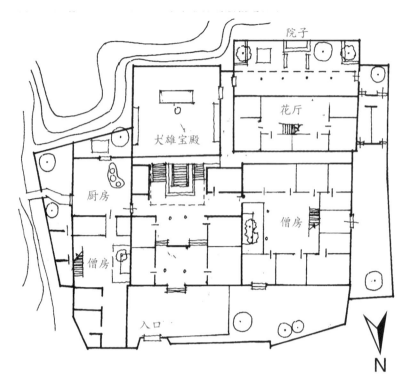

图6-3　老旃檀林平面图
（图片来源：根据历史照片以及《九华山建筑初探》改绘）

1. 紧凑方整的形态

九华山寺庙建筑形态方整紧凑，是由修建时的人力、财力、交通条件、施工技术、政府支持等因素共同决定的。九华山地势陡峭，适合建设大规模寺庙的场地非常有限，而紧凑的建筑形式是最经济可行的选择。九华山虽为地藏菩萨道场，但在古代未受到统治阶层的足够重视，因此寺庙建设规模受到了限制。同时，紧凑方整的建筑形态更能适应山区潮湿寒冷的气候条件。所以九华山的寺庙建筑相对其他三座佛教名山空间更为紧凑，体量更小，单体建筑中只有天井而极少建造庭院。

2. 自由灵活的布局

中国传统的寺庙建筑大多是轴对称的院落式布局，遵循严格的宗教礼制。而九华山寺庙在复杂地形环境以及经济、技术、社会因素的影响下，并没有遵循传统的寺庙院落布局模式，而是因地制宜，灵活多变，与皖南民居的风格一致。

九华山寺庙建筑体量相对小巧，易与山地结合，布局也更加灵活自由，与壮丽的自然景观融为一体。寺庙体量虽小，但通过整合形成建筑群落，能借大地景观形成连续的整体景观格局。寺庙建筑单体灵活自由的布局，是实现九华山人文环境和自然环境巧妙融合的重要前提。

祇园寺是自由灵活布局寺庙的典型代表。祇园寺位于东崖山脚下，地势逐渐升高。寺庙建筑体量精巧，依山借势，层层升高，紧凑布局，设计手法大胆又具实用性。祇园寺的大雄宝殿位于山麓的台地上，朝向肉身殿的方向。其山门则朝向化城寺，山门与大雄宝殿之间有金刚殿作为转折。整座寺庙突破传统寺庙布局的思路，没有一个明确的轴线，也没有对称的院落，而是充分顺应山势，进行自由布局，空间层次非常丰富（图6-4）。

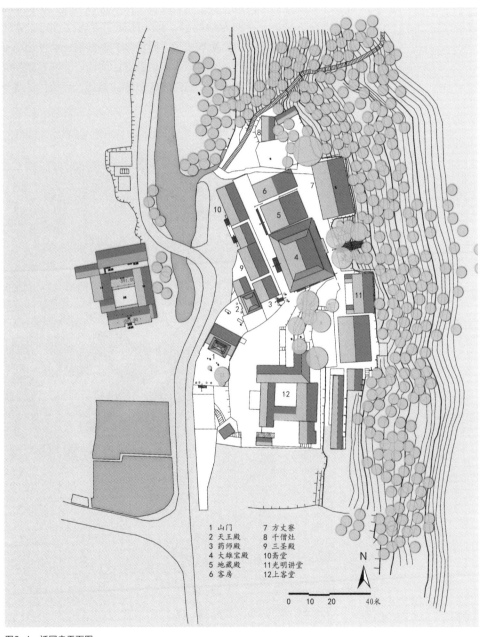

1 山门　　　7 方丈寮
2 天王殿　　8 千僧灶
3 药师殿　　9 三圣殿
4 大雄宝殿　10 斋堂
5 地藏殿　　11 光明讲堂
6 客房　　　12 上客堂

N

0　10　20　　40米

图6-4　祇园寺平面图
（图片来源：作者根据现场实测自绘）

上禅堂的大殿主轴为南北向，由于主要人流来自东侧，于是将山门殿设计在大殿侧面，运用墙体围合入口空间，使入口曲折，富有变化和趣味。上禅堂山门的设计遵循实用功能性原则，并未拘泥于传统的寺庙布局形式（图6-5）。

3. 结合自然的设计

九华山拥有良好的自然生态基底和灵秀的风光。九华山寺庙建筑在尊重自然的基础上，善于借自然之景，使其自身更具表现力和艺术性，成为山林中的点睛之笔。

百岁宫与山巅的山石完美契合，正殿佛像放置在突入佛殿内的山石之上。这种设计手法自然粗犷，充分体现了寺庙建筑与山体环境融合的特征。其建筑屋顶高度基本一致，而墙体的基线随山势的高低变化与岩石呈交融咬合的关系。建筑内部空间也随着山势而产生丰富的变化。例如南侧大雄宝殿建筑仅有一层，而向北随山势的降低，建筑内的高度增加至五层

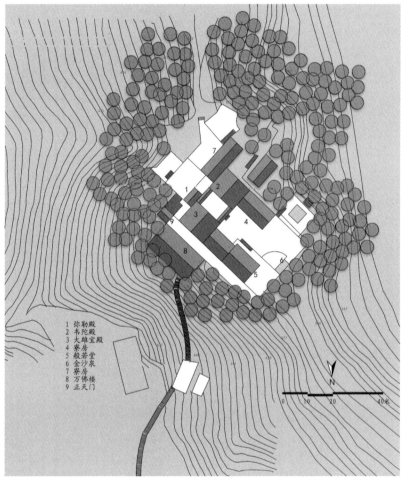

图6-5 上禅堂平面图
（图片来源：作者根据现场实测自绘）

楼。百岁宫的厨房也是借山石为墙壁。寺庙后侧山崖有巨石，古人便利用石壁的凹陷设计了便房，凿石储物。祇园寺千僧灶是将凸起的山石围合入建筑室内，将山石开凿形成天然炉灶。观音洞的禅房也是借岩壁为墙，并在石壁上雕刻观音像，供信众朝拜（图6-6）。

古拜经台和天台寺是后山的重要景观点。建筑都选择民居式建筑与自然景观相互融合。古拜经台东侧背靠悬崖峭壁，西侧面向深山谷。周围怪石险峰环绕。寺庙建筑朴实简洁，紧凑小巧，与自然风景和地势结合巧妙（图6-7）。天台寺位于天台峰山顶，建筑山墙伫立在山石上，面向登山的路径。捧日亭在山体和建筑交接的位置，古朴、低调而优雅，是人工与自然交界处的连接点。

朝阳庵位于九华山后山三条山路的交会处。巨大的山石进入建筑屋檐下，成为墙壁，山石有洞，内有泉水。东北角一段陡峭石阶深入室内。作为攀登天台路途中的一个休息点，朝阳庵内有一片三面墙壁围合成的平地，西门连接通往狮子岭的山路。庵内人工与自然景观元素巧妙融合，浑然天成（图6-8）。

图6-6　寺庙与山体地形的结合——观音洞
（图片来源：索筠博拍摄）

图6-7　寺庙与山体地形的结合——拜经台
（图片来源：索筠博拍摄）

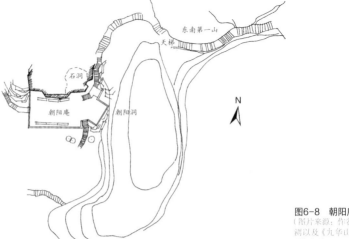

图6-8　朝阳庵平面图
（图片来源：作者根据现场实测以及《九华山建筑初探资料》自绘）

三、寺庙建筑类型

九华山寺庙建筑分为民居式、殿宇式、组合式三种类型。民居式建筑是九华山传统乡土建筑中最普遍的形式，建筑体量相对较小，强调选址和对环境的因借。殿宇式建筑作为一种文化符号，是礼制的形象化表达。组合式建筑包括民居与民居组合和殿宇与民居组合两类，建筑形式因地制宜，造型灵活大胆。

1. 民居式

民居式的寺庙建筑具有九华山乡土建筑的特征，以民居的形式承载佛教功能。由此可见九华山早期的佛教活动更注重信徒的个人修行，对宗教精神的弘扬没有放在首要位置考虑。寺庙与农田相伴而生，这种皖南民居式的寺庙建筑符合当时九华山佛教发展的要求，同时反映出九华山佛教世俗化的一面。民居式的寺庙建筑由于其灵巧的体量以及多样化的组合形式，能更好地适应九华山特殊的山地环境。

九华山的民居式寺庙建筑本身就能够与自然山林的肌理和谐共生，故没有刻意追求复杂的空间变换和对建筑的隐藏，其建筑本身的色彩在苍翠山林中尤其醒目。寺庙选址注重对自然和人文环境的因借。例如在后山通往天台的登山路线上，寺庙的选址充分考虑香客登山的体力变化，并且让游人在前山、闵园盆地、登山过程中，都能反复多次望见这些寺庙，善于利用山体的坡面来凸显寺庙建筑本身。

吊桥庵是九华山民居式寺庙中的出色作品。其选址位于悬崖绝壁之上，山体汇水形成的飞瀑常年冲刷，将崖壁冲刷出清晰的痕迹。寺庙背靠山体，向上可以仰望天台寺，向下能够俯瞰山谷。建筑的建造思路新颖且大胆，横跨在瀑布险峰之上，以毛石为基座，与山体岩壁紧密咬合，浑然一体，寺庙主体在基座之上显得轻巧灵活。整个寺庙由一个三开间民居

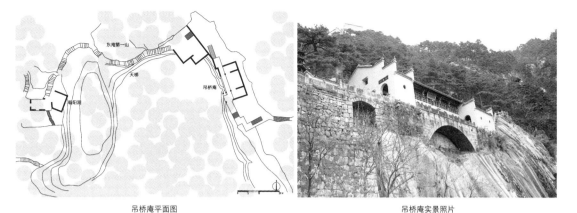

吊桥庵平面图

吊桥庵实景照片

图6-9　吊桥庵
（图片来源：左图为作者根据《寺庙园林环境》改绘，右图为作者自摄）

式建筑构成，强调虚实对比。建筑露台后面是礼佛场所，也是室外环境与建筑室内的过渡空间。站在寺庙的露台听瀑远望，能见到云雾之中的村落以及前山的轮廓。吊桥庵紧邻道路建设，登山的香道直接与寺庙的露台相连，相当于从建筑的前廊穿过。香道通过一段极其陡峭的石阶蹬道与建筑前廊相接，视点变化很大。局限的观赏视距使原本小巧的建筑显得高大且富有张力。而如果从山上向下行走，只能看到掩映于山林之间的陶瓦屋顶和山墙的片段，隐藏于自然景观中（图6-9）。

2. 殿宇式

随着九华山佛教的发展，在统治阶级以及社会人士的支持下，开始出现了公共宗教活动，殿宇式寺庙也开始出现。殿宇式寺庙通常为重檐歇山式，体量较小，多聚集于九华街，例如祗园寺、旃檀林等。殿宇式寺庙建筑常与民居式建筑在院落中组合，空间紧凑，每一进院落非常狭小，有些只是天井，大殿前没有足够视距来欣赏建筑全貌。院落内部的飞檐翘角与硬山屋顶形成对比，在局促的空间内形成强烈的视觉冲突。殿宇式建筑是一种文化符号，重在体现对礼制的具象表达，从侧面反映出九华山佛教的变迁过程。

肉身殿是九华山殿宇式建筑的杰作，殿内安放了传说中地藏菩萨的金身，故其规格形制很高，为重檐歇山殿宇，檐部起翘高挑，屋面坡度很陡，五开间外围柱廊（图6-10）。殿宇高踞于岭上，充分利用山势凸显建筑形体，在九华街和登山过程中多个地点均可仰视肉身殿的风貌。重建之前的大殿坐北朝南，八十九级石阶穿过石梁正对大殿中央明间。石阶南边的十王殿券门如景框，可将大殿、殿前台阶完整收入其中。过去朝山者越过券门可感受到石阶的陡峭和大殿的挺拔雄伟，不间断的八十九级台阶考验了信众的诚意，同时也形成了强烈的空间引导。短视距的巨大高差强化了建筑宏伟庄严的视觉感受。石梁和石狮子作为对主殿的提示性元素，简明干脆地结束了石阶构成的引导空间（图6-11）。

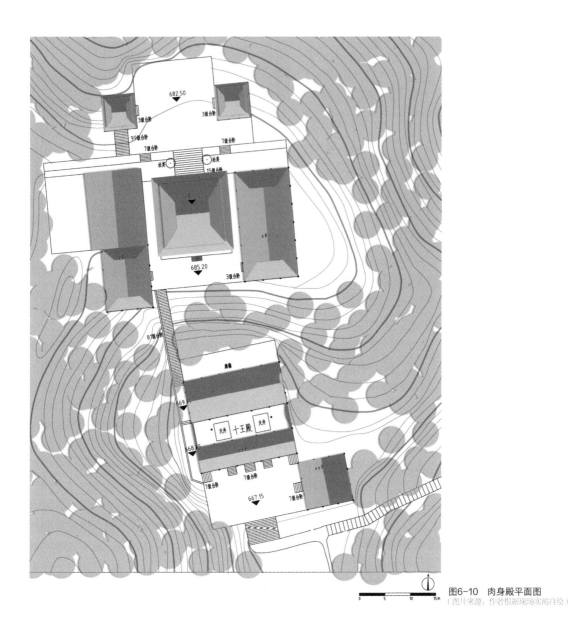

图6-10　肉身殿平面图

（图片来源：作者根据现场实测自绘）

图6-11　肉身殿立面图及现状照片

（图片来源：左图引自《第七批全国重点文物保护单位推荐材料——九华山肉身殿》，右图为作者自摄）

3．组合式

组合式寺庙建筑有民居与殿宇式组合、民居与民居式组合两类。

民居与殿宇式组合的代表寺庙有甘露寺、祇园寺和旃檀林。祇园寺是九华山殿宇式与民居式建筑组合的最大寺庙，由灵官殿、弥勒殿、大雄宝殿、客堂、斋堂、库院、退居寮、方丈寮和光明讲堂、藏经楼10座单体建筑组成。寺庙由传统布局中的山门—天王殿—大雄宝殿—配殿等元素组成，但却没有遵循传统的规则式布局，而是随山势变化布局。山门和天王殿由于受地形限制，没有与大雄宝殿在同一条轴线上，而是分布在轴线转折45°角的方位，依次升高。寺庙的配殿为民居式建筑，实用简洁、设计新颖，且没有遵循传统的布局模式，而是依山势散布。山门坐北朝南，殿后是一进庭院，庭院北端为天王殿。大雄宝殿坐东朝西朝向化城寺，殿宇式建筑，琉璃瓦、重檐歇山。祇园寺是九华山因山借势构建寺庙的典型，且善于借松林、溪水等自然元素衬托寺庙。

民居与民居式组合建筑以化城寺为代表，四进院落式民居建筑分置于三层台基之上，层层升高，对称严整。心安禅寺，坐落在九华后山六亩田，是三合院民居组群建筑。正中为大殿，坐西朝东，两层楼阁，硬山顶。殿前南、北对称的是云水堂和禅堂，两层楼阁。在南配殿侧面接有地藏殿，夯土墙身，硬山两落水。

四、建筑单体特征

九华山寺庙建筑与民居交相辉映，建筑尺度小但数量多。现存的寺庙建筑大多是清代咸丰年间遭兵燹后沿旧制重建的。九华山寺庙建筑具有明显的地域特色，体量小巧精致，白色马头墙与褐色筒瓦掩映于松林竹海中，表现出朴素的九华山文化。

大型寺庙中的主殿常选用歇山式屋顶，又不严格遵循古建法式，在民居建筑群落中，凸显其主殿的威严地位。中小型寺庙的建筑通常是民居式建筑，轻盈小巧。还有少量简单的茶亭，以竹为建筑材料，表现出浓厚的山林野趣。

九华山寺庙建筑整体空间处理手法较为大胆，依据自然立地条件灵活自由地对寺庙建筑进行组合布局，体现了古代工匠对自然的敬畏。

五、建筑细部特征

建筑的地域性特色通过建筑细部特征得到直观的体现。九华山寺庙建筑的细部结构是当地营造方式和传统文化长期演变和积累的结果。通过建筑细部表达当地的乡土风貌、人文特色。

1．独特的马头墙

徽派民居建筑中的山墙是其典型艺术特色之一。九华山传统寺庙建筑属于徽派建筑文化圈，其山墙与徽派民居既有相似之处，又有本土的独特做法，充分展现了九华山建筑的特征。

传统徽派建筑的马头墙（宏村）　　　　　　　　　　九华山寺庙建筑马头墙（化城寺）

图6-12　九华山寺庙建筑马头墙与传统徽派建筑马头墙的对比
（图片来源：左图引自http://pp.163.com/627003992/pp/12395023.html，右图为作者自摄）

徽派民居的山墙做法是墙体的轮廓随着屋面坡度变化呈现垂直折尺状跌落，根据坡面尺度进行节档的划分，墙覆盖着小青瓦，每个多头顶端有博风板。墙脊平直，在其端头稍作垫起的处理。更为考究的做法是在墙脊与墙体的交界处加砖纹雕饰。折尺角部通常由瓦片垂直紧密排布构成。

九华山乡土建筑的马头墙顶部是与屋面坡度一致的三角形，形式简洁。在接近屋檐的位置起平，超过屋面，端头有明显的起翘。山墙的顶端会局部突出屋面，尺度较小。突出部分与垂直的墙体以复杂的叠涩形成一个过渡。其山墙的做法相对简单，特点多是吻合屋面的坡度形成三角形硬山。这种做法与九华山建筑的平面尺度相互契合，体现了质朴野趣的建筑风格。通过建筑的山墙做法，体现出寺庙建筑的等级。在九华山大规模扩建之前，全山寺庙中只有化城寺与祇园寺的山门采用严谨的徽派民居马头墙的样式，以此来凸显这两座寺庙的崇高地位（图6-12）。

2．灵活自由的屋顶

九华山建筑中屋顶的形式也非常灵活自由（图6-13）。九华山现存寺庙建筑中，位于九华街的建筑大多是两坡顶的屋面。规模较大的寺庙建筑通常为四坡顶。位于山顶的建筑大多采用缓坡四阿顶，例如百岁宫和老天台寺。这两座建筑均以山顶巨石为依托，在方整紧凑的形态中又增加了变化，屋顶低矮形态舒缓，与建筑、山岭和谐共生，营造出朴拙、敦厚的气氛。

建筑的披檐通常出挑距离较小，一般在0.5~1米以内，甚至没有出挑。有出挑的建筑通常是外墙上部二、三层的位置为木结构或有大面积窗扇，出挑的檐下有具有装饰作用的托檐枋，比传统徽派建筑的做法简单低调。

屋顶坡度通常为1:2~2:5，除个别殿宇建筑外，大多屋脊平直，屋面无举折。简单纯朴的做法带有浓郁的乡土气息。

九华山寺庙建筑的屋顶灵活自由的组合方式，具有强烈的艺术表现力，后山山路上朝阳庵的屋顶即是典型代表。从朝阳庵上方的陡峭石阶

百岁宫的缓坡四阿顶

朝阳庵屋顶

图6-13　九华山寺庙建筑屋顶的灵活组合
（图片来源：作者自摄）

上，可以清晰地看到朝阳庵屋顶是由不同高度、多个不同方向的脊线碰撞
在一起，与两侧突出的山石和陡峭的石阶交织。游人在通过石阶下山的过
程中，能充分感受到来自多个方向的动态和力量。从石阶进入朝阳庵内，
穿斗结构以简洁的方式将这种山势、屋顶扭转的力量传达出来。通过朝阳
庵的券门，将远山借景到室内。

　　九华山寺庙建筑的屋顶材料选用本土的陶瓦。最初是红色，经历风吹
日晒变为黑褐色，形成斑驳、致密的肌理。对乡土材料的运用，使寺庙建
筑与自然环境有更好的协调性，凸显山林佛寺的朴素，表达出九华山本土
的地域特色（图6-14）。

　　九华山的殿宇式寺庙屋顶多为重檐歇山式。这种屋顶主要出现在重点
寺庙的天王殿、大雄宝殿里，例如肉身宝殿、老旃檀林的大雄宝殿、祇园
寺天王殿、大雄宝殿等。在无序扩张增建寺庙前，这种殿宇式的建筑数量
很少，只在规格等级足够高的寺庙主体建筑中才能使用。而如今过度开发
建设，许多寺庙中都修建了新的殿宇式建筑，导致九华山寺庙的景观风貌
受到严重破坏。

图6-14　九华山陶瓦屋顶
（图片来源：作者自摄）

3．建筑入口

九华山寺庙建筑风格简朴，没有过度的修饰，也不严格遵循寺庙营建的规制。所以建筑的入口成为重点渲染刻画的部分。徽派民居的传统就是造型简洁，通过入口装饰来标明宅第身份。典型的徽派民居常在建筑入口设计砖石雕饰或仿木构筑的门楼，而九华山寺庙建筑的入口处理更加丰富活泼，体现了质朴野趣的乡土特色。九华山寺庙建筑入口处理手法的分类按照入口与建筑的关系来划分。

（1）殿阁式入口

这类建筑入口主要有祇园寺的山门殿入口和百岁宫入口。祇园寺山门殿形态方整，立面中轴对称，硬山屋顶。建筑中央的入口以三重檐的歇山顶殿阁作为装饰，屋檐覆盖彩色琉璃瓦，檐脊檐面均设计为曲线起翘的形式，与灰褐色陶瓦硬山屋面形成鲜明对比。入口呈八字照壁，并设计了木质的壁柱，对入口形态进一步强化。入口每一层屋檐下都有精美的雕绘图案装饰，与旁边简洁的墙面形成简与繁的对比。殿阁式的入口形式强化了寺庙入口的仪式感，视觉上对入口进行了放大。百岁宫在入口上方加了一个披檐，相对祇园寺山门要简单很多，但也具备了强调入口仪式感的功能（图6-15）。

（2）硬山式入口

此类入口在九华山寺庙建筑中应用非常普遍，大部分重点寺庙的入口都有这种处理方式。例如上禅堂、甘露寺、旧旃檀林等。上禅堂采用马头墙夹持披檐的方式对入口空间进行强调，檐下露明将入口分为三开间，并

祇园寺山门　　　　　　　　　　　　　百岁宫入口

图6-15　殿阁式入口
（图片来源：作者自摄）

上禅堂入口　　　　　　　　　　　　甘露寺入口　　　　　　古拜经台入口

图6-16　硬山式入口

（图片来源：左图引自http://blog.sina.com.cn/s/blog_4a7e48660102vzdc.html，中图、右图为作者自摄）

通过匾额、石狮、浅浮雕石砌门框等细部元素对入口进行装饰。大门没有正对登山石阶，而是扭转了一个角度。明间两侧的梢间对称地镶有题字石碑。旧旃檀林山门入口的门殿几乎作为建筑形象单独出现，视觉符号的作用逐渐弱化。上述两种硬山式入口均为对称式，甘露寺和古拜经台都是将这种入口在建筑形体中用不对称的手法进行组织，显得更加活泼。这种自由地将建筑元素进行组合重构的方法，体现了九华街寺庙建筑的艺术境界（图6-16）。

部分九华山寺庙入口空间的处理是将门洞与入口基面进行一个扭转，例如龙庵、上禅堂、古拜经台、观音峰等。这种处理手法体现了"趋福避祸"思想，从空间艺术的角度来看，为建筑增加了活泼的特质。古拜经台的入口也设置了一个微小的扭转，与两侧起翘的马头墙相互呼应，使建筑立面更加丰富生动，对入口也起到了很好的强调作用；入口门洞开启的方向正冲山谷，将远山、幽谷通过门洞借入寺庙中，非常巧妙。祇园寺虽为重点寺庙，其入口也通过三重檐殿阁来凸显其隆重的地位，在门洞处也设置了一个小的扭转。通过这样一个细节将九华山佛教的世俗化，乡土风情的亲切、质朴的风格表现出来。

4．建筑装饰

九华山的佛教建筑装饰艺术手法丰富，雕刻形式多样，线条流畅，构图和谐，充分体现了佛教建筑与中国古代建筑中材美、工巧的特点。中国传统文化对其装饰的艺术风格产生了很重要的影响。九华山佛教寺庙建设和佛教题材的作品都展现出中国传统文化的内涵，综合儒学、道教、徽州文化等因素的影响，表现出独具特色的地域性文化。九华山内规模较大的寺庙有化城寺、百岁宫、甘露寺、天台寺、上禅堂、龙庵、净土庵等，这些寺庙建筑在空间布局和装饰艺术上都达到了相当高的水准。

（1）建筑装饰题材

第一类为人物装饰。九华山佛教建筑人物装饰中较为常见的是菩萨和佛陀，极少出现"飞天"图案。内容多为文学故事、民间传说。九华山寺庙的佛像多达六千余尊，包括木雕、铜像、画像、肉身像。

第二类是花鸟虫鱼类装饰。九华山寺庙中的装饰纹样多是在中唐之后出现的。莲花纹样是植物题材中最为经典的图案，以写实的图案为主。也有将植物图案融会贯通而创造形成的宝相花纹样。单独的忍冬纹样减少，人物、莲花、忍冬相互组合的图案逐渐增多，造型丰富、活泼，色彩鲜艳，繁花锦簇。动物题材中主要有佛经中的吉祥神兽，例如狮子、龙、象等。除此之外，还包括一些生活化的小型动物纹样，例如鸟类、蝴蝶、仙鹤等，充分体现了九华山佛教的世俗化和与民众的亲近感。

（2）建筑装饰色彩

在中国传统文化中，色彩的运用更重视意境的表达。在九华山的寺庙建筑中，建筑色彩能够展现佛法的理想，表达出人生感悟与对佛的祈祷。九华山佛教建筑中色彩的应用严格遵循了佛教信条、佛教的善恶因果观与修行法门，与一切宗教的修德、治学有共通点，但也有独特之处。佛教关于生命和宇宙真相的理论一般建立在佛教修行上。针对具体的色彩而言，主色以纯色为主，主要包括赤、黄、青、金等。

金色是贵重之色，佛教非常崇尚金色。佛教装饰中，有较多装饰图案采用了"描金"。此外，一些后期的雕刻作品具有明显的金漆木雕风格，呈现出富丽堂皇的色彩，金色的运用能够将充满情趣的天国世界描述得鲜艳但不落俗。

九华山寺庙建筑中大面积使用的色彩是白色、青色、赤色。色彩能够表达出丰富的情感。九华山寺庙的外墙通常是黄色或白色，黄色的外墙暗示了坚固的含义；红色的装饰物表现出正统的含义；青色有理性、宁静深远、平和等含义。这些色彩的配合在山林和天空的衬托下形成强烈的视觉效果，凸显了佛教四大皆空的教义。

（3）建筑装饰的图案与纹饰

九华山建筑装饰纹样受徽雕的影响较大。建筑图案有二方连续及非二方连续之别。其中非二方连续的装饰较多，这种装饰能够在形式上彰显庄严，同时还增添了灵动之感。一般来说，寺庙建筑中总少不了一种装饰，那便是纹饰。九华山佛教建筑中纹饰类型多，一般使用较多的为"万"字纹，"回"字纹及"火焰"纹等。这些装饰图案大多数用彩漆粉刷，既能体现出佛教装饰的雍容华贵，又能令人产生宁静之感。九华山佛教建筑中，还有一些较为特殊的图案，造型简单，没有施加任何纹饰，这类装饰图案在众多图案中别具一格，具有丰富的审美情趣。

九华山的木雕、石雕和砖雕即所谓"三雕"独具特色。木雕常见于门窗棂格、家居、楼层栏板等部位，使用圆雕、浮雕、透雕等表现手法，内容涉及人物、花木、山水、飞禽、走兽、虫鱼、回纹、云头、八宝、博古、文字楹联及几何形体等图案，具象与抽象并存，婉转流动。如化城寺天王殿梁架和檐部，雕梁画栋，有象、柳、海藻、牡丹，雕刻精美，栩栩如生。大雄宝殿五通间槅扇，均为菱花格，中刻海榴、仙桃、梅花、兰草等物，下雕博古、八宝等物，具有浓厚的宗教释义和较高的审美品位。特别是大雄宝殿正上方的"大藻井"——"九龙戏珠"，光焰四射，堪称九华山木雕艺术之珍品。另外，上禅堂、旃檀林等寺庙大雄宝殿的供桌，也分别雕饰有人物故事精美图案，线条流畅，栩栩如生。石雕通常用在天井、石柱、门罩、抱鼓石等部位，题材有石象、石狮、石虎、石马、莲花、牡丹、人像等。砖雕多用于屋脊封檐，手法包括浮雕、透雕、圆雕等，题材包括花鸟鱼虫、人物风景，以文学典故和民间传说为主题。

九华山佛教装饰对唐代典型的装饰纹样进行了传承，同时也积极吸收本土文化元素，形成传统的与地域文化融合的装饰艺术。

5. 建筑对气候环境的适应

九华山寺庙建筑属于徽派民居的一个分支，其所处的气候环境决定了建筑的细部特征。例如九华山寺庙的窗洞通常较小，可以抵御山区的潮湿，同时在冬冷夏热的气候条件下，保证建筑墙体的蓄热功能。利用天井对进深较大的建筑进行采光通风，同时满足汇集雨水的功能（图6-17）。

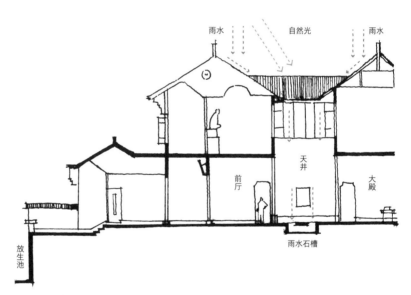

图6-17　龙庵建筑采光蓄水分析图
（图片来源：作者根据《九华山建筑初探》改绘）

第二节　寺庙引导空间

中国古典园林强调景观序幕的作用。寺庙的香道及其周边的自然空间共同构成寺庙的引导空间。其中香道是寺庙与外界相连接的必经之路，所以寺庙引导空间的营建非常重要。

作为将寺庙与外围交通道路连接的通道，通过对香道精心的设计组织，可以将自然空间营造为变化丰富、具有节奏韵律的引导空间，从而具有暗示宗教氛围、引导游览兴致的功能。

引导空间是寺庙景观的重要组成部分。从整体的角度来看，引导空间分为两类：一是全山香道及其节点共同构成一个完整序列，描述人进入仙界的历程，多见于道教名山中；二是散点式布局的香道，即每个寺庙都有的独立引导空间。

一、引导空间功能与作用

1. 寺庙范围的限定与暗示

引导空间能够表明寺庙范围，是人进入寺庙最先感受到的空间。在山林环境中，可暗示前方寺庙的存在，提醒游人注意言行，提升宗教的神圣感，同时也能够区分寺庙建设范围与自然环境的范围。

2. 组织交通

引导空间中的香道是交通体系的重要构成。通过对香道的合理组织，能够对寺庙景点的间距、视线关系、虚实关系进行控制，给游人以良好的游览感受。

3. 视线引导

山地寺庙通常藏于自然山林之中，外围自然环境相对人工环境来说较为松散。引导空间作为寺庙的前序空间，通过对植被、山石、构筑等元素的合理设计和组织，给游人以丰富的视觉感受，并通过层层递进或具有仪式感的方式，将其视线引导至寺庙主体。

二、引导空间类型

目前九华山引导空间保留较完整的寺庙有：天台寺、小天台、百岁宫、回香阁等。九华山寺庙引导空间在组织上有两种方式：仪式型引导空间、山林型引导空间。

1. 仪式型引导空间

仪式型引导空间通常出现在大型寺庙前，往往通过牌坊、建筑、广场、放生池、台地等元素层层递进地进行引导，以凸显寺庙的特殊地位。九华山典型的仪式型引导空间寺庙包括化城寺、肉身殿、天台寺等。

化城寺地处九华街盆地，地势平坦，空间相对开阔，在寺庙前营建广场作为引导空间。靠近寺庙的一端设置半月形放生池，广场南侧有娘娘塔遗址。广场两侧建筑不对称。整个广场尺度精巧，形式灵活，同时又具有仪式性，凸显出祖寺化城寺至高无上的地位（图6-18）。

天台寺的引导空间，在营造仪式感的同时化解了高差。从引导空间的起点到天台寺的主殿有41.55米的高差。引导空间分为三段：第一段（图6-19中A-B段）通过台阶的方式来塑造引导空间，台阶总长57.6米，高22.8米，形成了较强的空间引导效果，营造出仪式感，并以台阶正对的香炉作为仪式性的视线焦点。第二段（图6-19中B点所示的平台）向南可以眺望十王峰，向北可仰望天台寺。平台东西两侧各有台阶，东侧台阶通往最顶端天台寺，西侧台阶通往主殿下层的僧寮。第三段包括三层台地，依次升高。天台寺主殿在第四层台地，形成了整个序列一个强有力的收束。

二圣殿引导空间，是通过牌坊进行入口空间的提示，进而通过一条笔直的道路将游人引导至天王殿，道路两旁是绿地、竹林。通过牌坊和规则的道路打造出仪式型的引导空间（图6-20）。

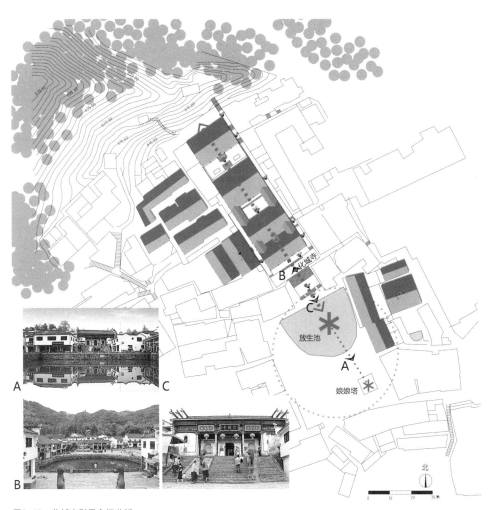

图6-18 化城寺引导空间分析
（图片来源：作者根据现场实测自绘，A引自www.jiuhuashan.cn，B、C为解泽拍摄）

图6-19　天台寺引导空间分析图
（图片来源：作者自绘，照片为索筠博拍摄）

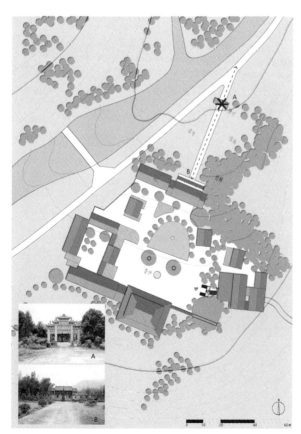

图6-20　二圣殿引导空间分析图
（图片来源：作者自绘，照片为索筠博拍摄）

2．山林型引导空间

位于山林坡地上的寺庙与景区级道路之间有一定距离，相应的引导空间穿梭在自然地形和植物间，是自然环境与人工设施综合构成的具有提示、引导、停留、消化高差等作用的线形空间。九华山百岁宫、回香阁、九子寺、东崖禅寺的引导空间是典型的山林型引导空间。

百岁宫的引导空间与山路合为一体，沿等高线曲折上升，绕过寺庙南侧的悬崖向东指向寺庙山门。由于山顶地势陡峭，用地局促，山门前的放生池与引导空间及山门没有对位关系，体现了山林型引导空间特有的因地制宜、顺应山势的特点（图6-21）。

回香阁在古时是香客自九华街去往天台的必经之路。回香阁的引导空间是典型的山林型引导空间，香道隐藏在山林之中，曲折迂回。回香阁寺前，一株苍劲古朴的"迎客松"形成了回香阁的入口提示标志。以古树作为建筑的入口提示和引导是中国山林佛寺营建传统中的惯常手法（图6-22）。

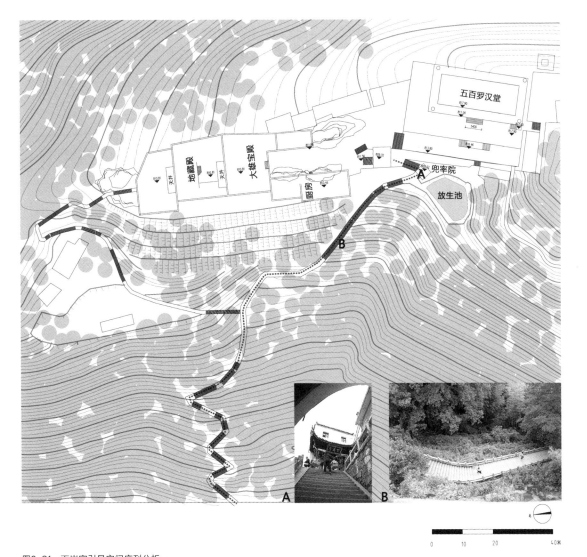

图6-21　百岁宫引导空间序列分析
（图片来源：作者根据现场实测自绘，照片为作者自摄）

图6-22　回香阁引导空间分析

（图片来源：作者根据现场实测自绘，照片为作者自摄）

三、引导空间景观元素

1. 蹬道

蹬道是指有台阶的道路，线形的空间具有明确的指向性，对视线形成有效引导，并能够对空间形成良好的组织。

2. 平台

平台是点状的空间要素。由于九华山地势陡峭，引导空间平台的尺度通常较小，平台可与其他要素以及自然山林组合形成丰富的空间感受。

3. 提示景观小品

引导空间中的提示性景观小品，在山林中相当于路标，在前序空间中暗示寺庙的存在，逐步将游人香客引导至寺庙。常见的提示景观小品包括桥、牌坊、崖刻、影壁、植被等。

（1）桥

桥除了具有通行功能之外，在佛教教义中还有普度与指引的象征意义。无论是在香道引导空间中还是在寺前引导空间都具有极强的标志性作用。九华山寺庙引导空间中出现桥的有迎仙桥（祇园寺西）、通天桥（接引庵南）、飞虹桥（东崖禅寺）、吊桥（翠云庵）等（图6-23）。

（2）牌坊

牌坊是中国古代用于标识、纪念、装饰的一种建筑物，通常设置于重要道路、建筑群、寺庙的前导空间，具有引导交通、提示、装饰的作用。牌坊具有严格的建造规制，因此用在佛教寺庙引导空间中时，还具有营造佛教氛围的作用。另外，由于其特殊的造型，牌坊还具有框景以及空间分隔的作用。

九华山的牌坊以石材为主，是寺庙引导空间的重要构成元素。如二圣殿、华严海慧寺的引导空间均以牌坊作为入口标志（图6-24）。

通天桥

飞虹桥

吊桥

图6-23　九华山寺庙引导空间中的桥
（图片来源：作者自摄）

二圣殿牌坊　　　　　　　　　　　　　　　　华严海慧寺牌坊

图6-24　九华山寺庙引导空间中的牌坊
（图片来源：作者自摄）

图6-25　天台寺摩崖石刻
（图片来源：作者自摄）

（3）崖刻

崖刻是人在天然石壁山摹刻的文字、图像等。在回香阁至东崖禅寺的钟亭石板道旁的摩崖上，刻有"东崖界"，对前方东崖禅寺的出现起到了暗示作用。天台寺、吊桥庵等寺庙的引导空间都有摩崖石刻对寺庙进行提示（图6-25）。

（4）影壁

古时院落分为院内和院外，门内为"隐"，门外为"避"，分隔院内外的这道墙就被称为"隐蔽"，后来演变为"影壁"。《礼记·郊特牲》中有记："天子外屏，诸侯内屏，大夫以帘，士以帷"。屏即影壁之前身，可见在周代礼仪中，院落入口的遮蔽情况是判定住宅等级的重要标志，在建筑外部设置影壁是等级较高的处理手法。

九华山的少数寺庙有影壁的布置，例如望华禅寺、净土庵、翠峰寺等。出现在寺庙外引导空间中的影壁，一般与门类建筑或构筑正对，暗示了寺庙位置和引导空间的起点，影壁和寺庙入口界定出的线形空间，延长了寺庙的中轴线，无形中扩大了寺庙建筑群的规模。

九华山的影壁均为一字型，结构简单。多数影壁的结构形式与徽州民居相对应，壁身与徽州民居墙面一致，刷成黄色，上面书写文字，壁顶通常为硬山顶（图6-26）。

（5）植被

植被不但起到对空间进行限定的作用，同时也可以营造出充满禅意的意境空间，因此被广泛应用于引导空间的组织中。九华山寺庙的引导空间常通过古松、竹林、银杏、金钱树等植物进行指示（图6-27）。

净土庵影壁　　　　　　　　　　　　　翠峰寺影壁

望华禅寺影壁

图6-26　九华山寺庙引导空间中的影壁
（图片来源：作者自摄）

图6-27　九华山寺庙引导空间中的植物
（图片来源：《九华纪胜》）

四、引导空间结构规律

通过对九华山寺庙景观引导空间的研究，总结出九华山寺庙景观引导空间的结构规律：

1. 空间层次丰富

九华山寺庙景观的引导空间常常通过多种元素的组合，香道的转折萦回，形成具有丰富变化的空间。提示性景观语言在引导空间中点睛，使游人有更丰富的游览体验，提高游览兴致。

2. 空间组织有序

自然状态下的空间与景观元素自由散乱，缺乏秩序性。九华山引导空间将寺庙前序空间中的环境进行人为梳理和组织，并运用丰富的造景手法，增强寺庙引导空间的人文意境。

第三节　寺庙环境空间

寺庙建筑通过不同形式的组合，围合出各自独立又在空间上连通的庭院。这些庭院空间是佛教信众礼佛和集散的空间，注重运用园林化的手法，利用建筑及园林要素对空间和视线进行组织和引导。寺庙庭院的理法包括庭院植被、高差处理、景观细部的组织营建。

九华山的环境空间包括建筑和香道以外的人工和自然环境。环境空间的范围与引导空间的香道旁自然环境以及建筑空间中的庭院有所重叠，但是从理法角度来说，环境空间的理法与引导空间和建筑空间的营建手法有所不同。本节对九华山环境空间的理法进行探讨研究。

一、基本类型

九华山寺庙环境空间分为庭院环境和外部环境。

1．庭院环境

庭院环境的范围指寺庙边界内的，以建筑或围墙围合形成的内部环境空间。九华山寺庙的庭院环境基本包含两种类型：中庭和天井。

（1）中庭

中庭是由建筑围合而成的环境空间，具有游憩、观赏、集散等功能。不同类型的院落中，中庭的界限各不相同。例如四合院的中庭是由建筑从四个方向完全围合的空间，而三合院的中庭通常有一面是开敞的，空间感较弱，视野较为开阔。中庭是九华山寺庙景观中重要的园林环境，通过植被、空间、小品、建筑的组织，体现佛教文化的内涵，优化寺庙的宗教活动空间。九华山的中庭设计通常由铺装、水景、植被等要素构成，质朴又不乏趣味性。

（2）天井

天井是指被建筑围合形成的封闭狭小的院落。天井空间具有很强的封闭性和围合感，内聚属性较强。九华山雨量充沛，天井可以对降水进行收集和处理，形成庭院景观（图6-28、图6-29）。

2．外部环境

寺庙的外部环境指寺庙边界以外的环境空间，是寺庙生产、生活和文化的扩展和延续。通过对外部环境的建设，将寺庙与自然风景融为一体。九华山寺庙外部环境包括茶林、寺田、寺林、自然形胜。

（1）茶林

九华山的茶林主要分布在九华河谷的浅山区和南阳乡、凤凰岭、猫碗峰，天台南侧的山峰也有茶林分布。这些区域大多空气湿度大、云雾多、太阳漫射光强，有利于茶树的生长。许多寺院，曾出现了在寺前、庭院中、寺庙墙外种茶的情景。九华山人工种茶始于唐代，虽不断发生变异，但在古老寺院附近的茶树自然群落中，较大程度地保留了古代僧人引选品种的踪迹。据青阳县志和九华山志记载，金乔觉在九华山化缘建庙时，将

东崖禅寺天井　　　　　　　　甘露寺天井

图6-28　九华山寺庙天井
（图片来源：作者自摄）

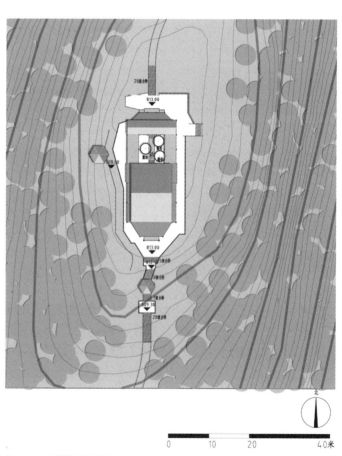

图6-29　东崖禅寺平面图
（图片来源：作者根据现场实测自绘）

带来的茶籽播于九华山闵园峡谷。或发展到肉身殿西南方，沿小天台南和凤形山一带。宋代九华山茶园初具规模，有"天台云雾""南台空心""九华龙芽"等。考证其群体结构，凡是有寺庙的地方，在茶树自然群落中都有金地藏由新罗引种的"金地源茶"或"闵地源茶"。例如现在神光岭的一个茶园，是金地源茶的后裔。该群体树高135厘米，叶身背卷，叶面隆起，锯齿明显，叶片倒卵形，是当时贡茶的产地。

金地藏在九华山的重要贡献之一就是"农禅兼修"，对九华山茶树的栽培起到了推动作用。据九华山志记载，唐开元年间（713—741年），金乔觉带茶籽来到九华山，在神光岭山麓下种植。唐至德年间（756—758年），江南瘟疫流行，金地藏将茶施与众生来治疗疾病。此后九华山种植茶的风气开始兴起，周边山民以茶为生，僧众在佛事活动中参悟茶道。目前九华山的很多寺庙都有茶园，僧人仍在种茶饮茶。

据统计，1962年九华山寺院有茶地40亩，1997年前山寺院有茶地56亩，后山有茶地、山场近400亩。至今九华山各大丛林仍然保留有自己的茶园。

九华佛茶文化是九华山佛教文化的一部分，文人墨客与僧众在九华山品茶留下了许多经典诗篇，描绘僧人种茶采茶品茶的场景。

经典传世的咏茶诗还有明代青阳县令包广《游九华》、清代白元亮《登九华》等。这些诗作丰富了九华佛茶文化的内涵，亦增加了九华山的文化底蕴（图6-30、图6-31）。

莲花庵茶田

图6-30 九华山寺庙外围茶田
（照片来源：作者自摄）

翠峰寺茶田

九子寺茶田

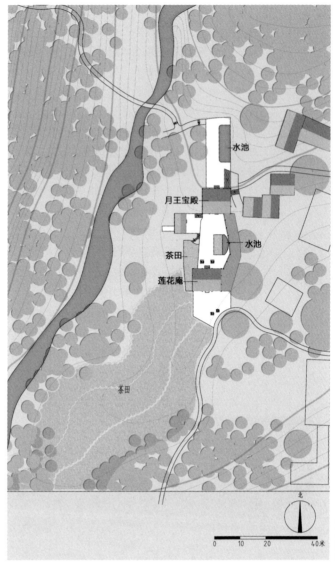

水池

月王宝殿

水池

茶田

莲花庵

茶田

北

0　10　20　　　40米

图6-31　莲花庵
平面图
（图片来源：作者根
据现场实测自绘）

（2）寺田

寺田是寺庙的公产，是维持寺庙正常运转的经济来源之一，也是僧人生活的来源之一。本书讨论的寺田指佛教寺庙所有的田产。

清代江南寺庙的产业包括香施、佛事、刻经、田产、房产等。田产是僧人最持久的生活来源。田产易于保存，除去天灾，不会有损耗，并且寺庙既拥有契据作为凭证，又有碑石述明始末，不易被窃取。同时，田产是生产资料，可以年复一年地获取收益。

寺田对于寺庙的维持，意义重大。寺庙庙宇、佛像的维护以及日常礼佛诵经的灯油、香烛、花果等供之物的开销巨大，除了政府拨款和信众捐助，寺田是寺庙正常经营的保证。

九华山的庄田租金收入也为寺庙提供了一定的经济来源。九华山寺庙庄田的来源主要包括三个途径：一是官府赐予的"口分田"。二是富户、信士的"施田"。据旧志载，唐代有"邑人章憨禧舍田五十亩于圆寂寺"。清乾隆年间（1736—1795年）青阳名士陈蔚捐田数十亩于真如庵。九华山寺庙庄田三分之一是被施舍的。三是寺庙购置。明、清以来，九华山寺庙经济几度繁荣和发展，许多寺庙用收入的资金购买田产。

民国时期，九华山有10余座寺庙有庄田，约计4000亩。现根据九华山佛教民国档案和九华山部分僧民座谈会调查资料，将1949年前九华山寺庙庄田的情况列于表6-1。寺庙的庄田出租给租户以收取租金，田租的数额受收成好坏的影响而不等。

表6-1　九华山寺庙庄田一览表

寺名	庄田（亩）	分布区域
百岁宫	320~700	江苏高邮市，安徽青阳县杜村、老田村一带
祇园寺	320~800	江苏溧阳市，安徽郎溪县、青阳县
东崖寺	300	九华山附近
甘露寺	140~170	青阳县老田村、灯花陇一带
旃檀林	100	九华山
九莲庵	50~100	九华山白马村
通慧庵	30	九华山
一宿庵	10~30	安徽枞阳县
二圣殿	20	九华山
西竺庵	80	九华山
慧居寺	53	安徽铜陵市大通镇
拜经台	50	中、下闵园
心安寺	26	九华后山
双溪寺	30	九华山
天池庵	40	九华山
松树庵	16	九华山
其他	约1225	
合计	约4000	

资料来源：作者根据2013版《九华山志》整理绘制。

（3）寺林

在寺庙的外围，人为对山林进行局部砍伐和补植特定的植物种类，所形成的林地称为寺林。寺林功能多样。从审美角度来说，经过人工干预的寺林更能迎合人的审美观；从修行角度来说，寺林有助于营造安静的修行空间环境，提升景观质量，突出佛教氛围；从文化角度来看，通过对树木的重新组织布局，改善寺庙的传统风景文化格局；从功能角度来看，寺林的种植有利于舒适宜居的小气候环境的生成。

寺林通常分布在寺庙周围，将寺庙围合在相对隐秘的空间中。寺林的种植方式通常模仿理想的传统风景文化格局，寺庙前通常留出开敞的空间，寺庙周边紧密围合，寺庙背后利用植被进行遮挡掩映。纵向上来说，通常上部空间枝叶茂密，形成一个覆盖的空间；下部尽量少种植灌木地被，保持疏松通透的状态，方便人的行走活动，同时也可以使视线通透，从而在安全性上有一定的保证。

寺林在构建模式上有总体原则，而具体到不同的寺庙环境，需要根据环境、地势、寺庙形态来具体分析，要在保持整体基调的前提下，有各自的变化。寺林是寺庙的建筑组团与自然山水以及寺田之间的过渡。寺林能够将寺庙外环境中的各个部分进行整合连接，形成整体。寺林的营建对山体的生态环境保护有重要意义。

（4）自然形胜

自然形胜是寺庙佛教文化在外部的延续。寺庙的择址、修建过程都与自然形胜有着密不可分的联系。寺庙因自然形胜的天然优越条件而择址修建，自然形胜又因寺庙的发展、佛教文化的传播而被赋予更深层次的文化意义。这种景观发展的方式对佛教的传播和寺庙的不断发展都十分有利。

九华山自然形胜与寺庙的空间距离分布比较随机，有些自然形胜与寺庙紧密结合甚至属于寺庙引导空间的一部分，有些若即若离通过山道串联，有些形胜距离寺庙很远，空间布局上联系较弱，通过借景将自然形胜纳入寺庙空间中。

二、庭院植被

乔木、灌木、竹类、地被、藤本和水生植物等均可作为庭院植被重要素材，对于整个庭院的景观环境的形成具有不可或缺的作用。植物可以提升建筑的美学价值，为园林带来生机和活力。为了探索九华山寺庙庭院花木的艺术理法，本书从种植形式和植物种类两方面进行分析。

1. 种植形式

庭院中除了设置宗教用品之外，还会种植花木。花木的规格通常与庭院大小相协调。

（1）露地规则式栽植

寺庙面积相对较大，在院落空间充足的情况下，一些寺庙会采用规则式种植来进行植物搭配。通常会在中轴线两侧种植乔木，或在中轴线上孤植大乔木，下层搭配整齐修剪的绿篱、花篱或者灌木。对称的规则式种植有助于烘托寺庙庄严的秩序和佛教氛围。典型代表寺庙包括青云庵、二圣殿、胜鬘精舍等（图6-32、图6-33）。

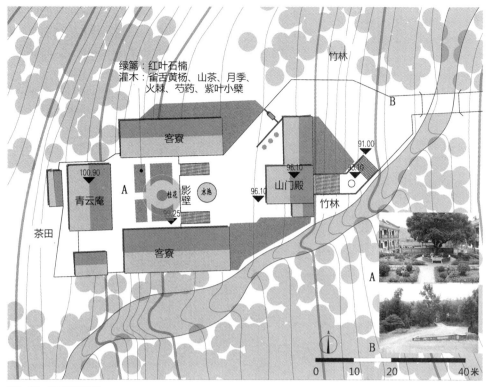

图6-32 青云庵平面图
（图片来源：作者根据现场实测自绘）

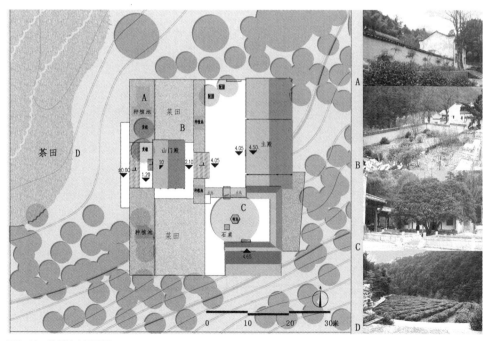

图6-33 胜鬘精舍平面图
（图片来源：作者根据现场实测自绘）

（2）小型种植池式栽植

尺度较小的寺庙由于寺庙尺度的限制，没有足够的空间布置大型种植池，往往通过花台、小种植池、盆栽来修饰庭院。这种类型的种植通常以灌木、草本为主，体量小巧精致，有较高的观赏价值。例如香山茅蓬、华天寺等。香山茅蓬院内长有草药、奇花，两株古牡丹尤为名贵。华天禅寺的种植空间是一条狭窄的花台，以高低不同的灌木丛形成了大雄宝殿和地藏宝殿之间的视线屏障，起到了分隔空间的作用（图6-34、图6-35）。

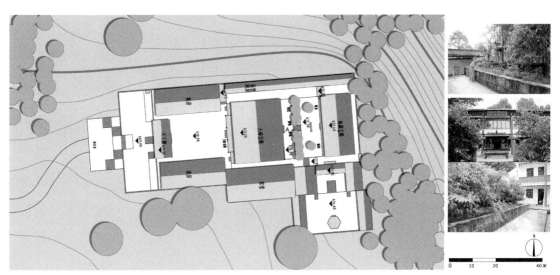

图6-34　华天寺平面图
（图片来源：作者根据现场实测自绘）

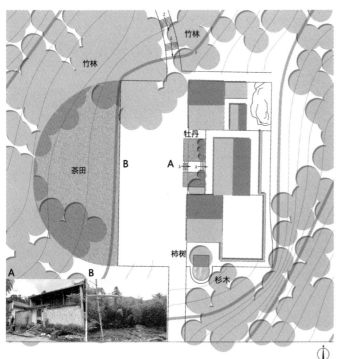

图6-35　香山茅蓬平面图
（图片来源：作者根据现场实测自绘）

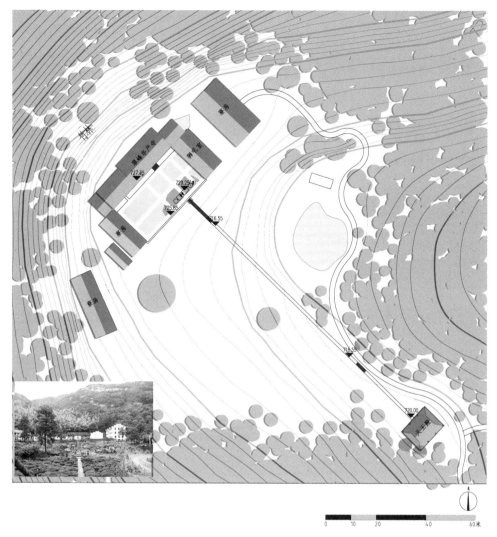

图6-36　翠峰寺平面图
（图片来源：作者根据现场实测自绘）

（3）开放式栽植

位于滴翠峰下的翠峰寺，被山峰环抱，地势平坦，空间相对开放。其种植没有被限制在围墙内，而是融于自然。通过一条直路，对空间进行暗示，路径穿过一片茶田到达寺庙主殿前的影壁。茶田为基底，几株高耸的柳杉与山石相称，形成具有视觉表现力的构图（图6-36）。

2.植物种类

很多植物在印度的本土佛教教义中被寄寓一定特殊的意义，植物作为佛家教义的象征与载体，既传播了意境深远的宗教内涵，也成为寺庙景观环境美化的重要元素。植物的宗教文化随着佛教东传而逐步传入汉地，由于受到地域栽培条件的限制，汉地特有植物逐渐孕育出新的佛教植物体系。根据现场调研分析，发现九华山寺庙景观植物的选择具有以下四个特点：

（1）以乡土树种为主

九华山寺庙植物以乡土植物为主，其中主要乔木包括细叶青冈（Cyclobalanopsis myrsinaefolia）、金钱松（Pseudolarix amabilis），枫香（Liquidambar formosana）、蓝果树（Nyssa sinensis）、白玉兰（Magndia denudate）、灯台树（Cornus controversa）、青钱柳（Cyclocarya paliurus）、黄山松（Pinus taiwanensis）、香樟（Cinnamomum camphora）等。灌木常见桂花（Osmanthus fragrans）、结香（Edgeworthia chrysantha）等。

（2）符合寺庙宗教气氛

九华山寺庙庭院内种植多以常绿乔木为主要植物材料。例如松、柏、香樟等。偏冷绿色调的常绿植物枝干通常遒劲有力，能够很好地营造庄严肃穆的氛围，所以常绿乔木成为寺庙的主要植物种类。

（3）体现佛教文化内涵

九华山寺庙在选择植物时，佛教文化意义成为重要的选择依据。一些植物在佛教传说典故中被赋予神秘的佛教色彩，在寺庙景观中，通常会选择这类植物来表达佛教的象征意义。还有一些植物与佛教修行相关联，例如香樟、玉兰、荷花等。

九华山寺庙中具有佛教文化内涵的树种主要有：

银杏，是长寿的树种，所以有长寿的寓意。银杏木质细腻而又坚硬，经常用来雕刻佛像，其雕刻的指甲虽然很薄，却不易损坏。所以银杏又有"佛指甲"的称号。银杏在佛教寺庙中有吉祥的象征意义，其果实被称为"圣果"。

桂花，又名"金粟"，与《发迹经》中的佛名相同。花型端庄，花香浓郁，常供于佛前。

竹，与佛教有很深的渊源。传说古印度迦兰陀长者曾捐出自己的竹园给释迦牟尼居住传教，"竹林精舍"因此成为佛寺的代名词。

香樟，是佛教中的香木，可从其中提取香料用于佛陀沐浴，同时香樟又是安徽的乡土物种。

佛教传入中国被汉化，受本土道教的影响，对道教的吉祥植物也有所接纳。例如玉兰和紫薇，在九华山寺庙中比较常见，玉兰寓意长寿，紫薇则是"紫薇星"的象征。

（4）与地域文化相关

九华山的谚语中提到九华山最具特色的植物金钱树，即青钱柳，胡桃科，落叶乔木，羽状复叶。九华山共有12棵，尤以上禅堂金沙泉边一棵连理树最大。树高30余米，胸径1米。在树干2米处长出两枝干，当地人俗称连理金钱树。其果实为翅果，金色扁圆形带有盘状翅，挂在树上像铜钱串，所以得名金钱树（图6-37）。

传说由金乔觉在九子寺月牙泉附近亲手培植的两株古树，一株枫香、一株榆树，枫、榆，谐音"风调雨顺"，民间传说是菩萨有意为天下苍生祈福而栽下的（图6-38）。

图6-37　金沙泉边金钱树
（图片来源：作者自摄）

图6-38　九子寺枫香、榆树
（图片来源：作者自摄）

三、高差处理

　　九华山寺庙所处的地形空间以坡地为主，包括平坡、缓坡、陡坡等不同坡度的地表形态。地形地貌对寺庙的空间形态有很大影响，寺庙营建过程中一般通过土方的填挖处理来实现在不同高程的台层上建设寺庙的目的。

　　1. 台地

　　山地寺庙在建设过程中，通过若干层台地化解高差的手法是最常见的高差处理方式之一。寺庙建造在处理后的不同高度的平台上，彼此之间形成丰富的空间和等级关系。不同高度的台地之间，以台阶解决交通问题。通过台地对高差进行处理能更好地保持地形的原貌，实现从自然到人工景观的转化。这种手法在九华山寺庙中的应用较为典型的有小天台、九子寺、化城寺等。

　　小天台位于肉身殿西南，坐东朝西，背依大岭头，前临陡坡，以块石垒成平台，故称"小天台"。视野开阔，是欣赏夕阳青山的绝佳位置。平台与外部道路高差32米，以石阶相连。平台上建有韦陀殿。比平台高10.34米的台层上，建有大雄宝殿，坐东朝西，俯瞰寺庙和青山（图6-39、图6-40）。

　　甘露寺位于九华山二天门盘山公路下段一侧定心石下。整个寺庙坐南朝北，北侧为最低点，南侧最高台层与最低点相差17.45米。建筑位于不同高度的台层之上，灵活布局，错落有致，巧妙地化解了高差。台层的立面选择用石雕景墙的方式来处理（图6-41）。

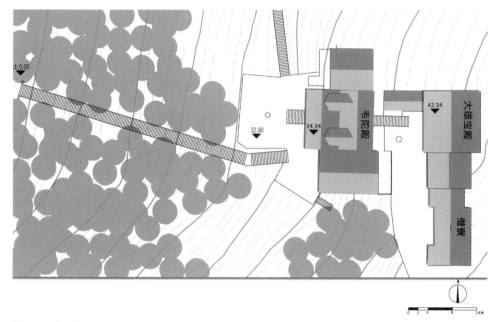

图6-39　小天台平面图
（图片来源：作者根据现场实测自绘）

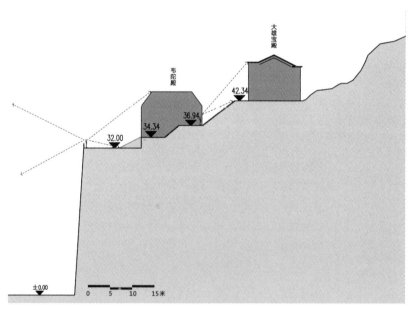

图6-40　小天台剖面图
（图片来源：作者根据现场实测自绘）

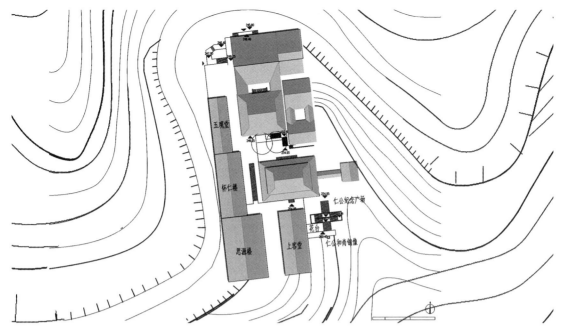

图6-41　甘露寺平面图
（图片来源：作者自绘）

2. 因山借势

因山借势的高差处理手法是九华山寺庙构建最常用的手法。九华山的寺庙体量小巧紧凑，能灵活地在复杂变化的山地空间内布局。遇到极为险峻、不利于营造建筑的地形条件时，也能巧妙地让建筑与山体、崖壁形成共生咬合的关系。

百岁宫位于东崖摩天岭，周围岩石散立，地形高低不平，营建者巧妙地将墙基线随坡度由南向北层层升高，但屋顶采用统一高度。这样，从正门看大殿，它只是不起眼的普通民宅；但从后门看，东侧墙体上下5层，非常宏伟。远观，恰似一座通天拔地的古城堡，这在中国寺庙建筑中极少见。而大雄宝殿内的佛龛，更是因地制宜，筑在一块岩石之上，显得尤为古朴别致（图6-42）。

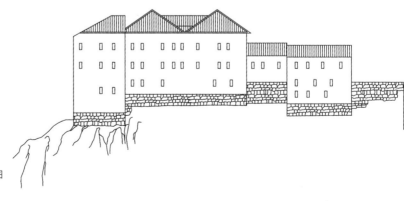

图6-42　百岁宫西立面图
（图片来源：作者自绘）

四、景观细部

1. 铺装

凿毛面的条状石板是九华山地面铺装常用的材料。九华街周边山体汇水形成的溪流成为九华街聚落的重要水源和景观水系，条石板常覆盖于水上或变成石桥来维持交通的连通性，有时也会成为亲水驳岸的一种形式。乡土石材的使用就地取材，自然古朴，且具有良好的渗水性，对水系和乡土风貌的保护都具有重要意义。

莲花纹样的铺装通常出现在重要的公共空间，标志着空间的宗教意义。双铜钱纹样源于古印度佛教，传说信众将金钱铺满"祇园"，请佛前来传教，所以双钱币的铺装纹样也具有佛教象征意义，在祇园寺和化城寺的广场都有应用，暗示了该空间承担着举行大型佛事活动的功能（图6-43）。

2. 水池

九华山很多寺庙中都有人工水体的构建，大多是以放生池的形式出现。大部分水池承载礼制的含义，其中以半月形的水池居多。例如化城寺、百岁宫、二圣殿、肉身殿等。

化城寺广场的北端，有一处半圆形的放生池。半圆的弦边正对化城寺的山门殿，弧边面向广场。水池弦边较长，偏椭圆形，与化城寺的距离经过精心考量，使人站在弧边池畔即可看到化城寺山门殿的完整倒影（图6-44）。其他寺庙的放生池根据寺庙或立地环境大小各不相同，形状大多为半月形。例如肉身殿山门前的小水池，简单无修饰。百岁宫立于山顶，山门前用地极为局促，其放生池位于山门殿下，并未与其形成轴对称的关系，体现了九华山寺庙营建顺应自然山势的特点（图6-45）。

3. 香炉

香炉一般设置在寺庙主殿前，正对中央供奉的佛像，是香客烧香礼佛的器具。香炉的样式有两种：一种是长方形，两侧有耳状物，侧面有各种吉祥纹样图案装饰，炉足常有兽头装饰，该兽为"龙生九子"中的狻猊，因其喜香火，平时好坐，喜静不喜动，故出现在香炉上。另一种形式起源于中国古代的鼎，炉身呈圆形，两侧也有耳状物，有三个炉足支撑。香炉

图6-43 广场铺装
（图片来源：作者自绘）

祇园寺广场铺装　　　　　　　　　　　　　　　化城寺广场铺装

图6-44 化城寺放生池
（图片来源：作者自摄）

图6-45 百岁宫放生池
（图片来源：作者自摄）

通常有一个顶盖以遮蔽香灰，防止火灾。圆形炉身的顶盖通常为类似攒尖亭的形式，设置六门以保证空气自然流通和香灰的清理。根据其等级不同有单檐和重檐的区别，亭尖顶端常有珠宝装饰，炉顶的翘角有时也会挂风铃来装饰。有些香炉为了凸显其地位与等级，将顶盖做成楼阁形状，层数两层、三层、五层、九层不等。方形炉身的顶盖通常为单檐或重檐的歇山顶、庑殿顶，四面通透（图6-46）。

香炉是寺庙景观中重要的礼器，香客在礼佛烧香时会产生烟雾缭绕的佛教氛围。香炉在寺庙主殿前，与大殿立面形成一个整体，佛殿中的佛像刚好被香炉遮挡，体现了对佛祖的敬畏，并吸引人近观。香炉在寺庙中有装饰作用和空间分割作用，同时也是寺庙院落的视觉中心。

九子寺香炉

天台寺香炉

化城寺香炉

图6-46 九华山寺庙景观中的香炉

（图片来源：索篇博摄）

参考文献

[1] 江世龙. 中国徽派建筑之旅 [M]. 北京：中国建筑工业出版社，2008.（11）.

[2] 张弘寰，陶世安. 走进中国古建筑[M]. 北京：机械工业出版社，2010.06.

[3] 刘香军. 徽派民居建筑群落体系分析与应用研究[D]. 哈尔滨师范大学，2012.

[4] 白雪. 乡土语境中的建筑创作——九华山风景区建筑设计研究[D]. 清华大学，2002.

[5] 洪振秋. 徽州古园林——中国文化遗珍. 徽州卷[M]. 沈阳：辽宁人民出版社，2004.

[6] 魏鸿飞. 试论九华山佛教装饰艺术风格[J]. 池州学院学报，2009（4）：54-55.

[7] 张毅. 九华山佛教建筑的艺术特征[J]. 西北美术，2015，（04）：104-107.

[8] 章沧授. 九华山佛教旅游又化的审美价值[J]. 安徽大学学报（哲学社会科学版）2003（3）：29.

[9] 陈虹，徐豪. 试析九华山佛教装饰艺术的现代价值[J]. 宿州学院学报，2017，32（04）：84-86.

[10] 卢忠帅. 明清九华山佛教研究[D]. 南开大学，2013.

[11] 张振山. 九华山建筑初探[J]. 同济大学学报，1979，（04）：23-31.

[12] 肖遥. 峨眉山风景名胜区寺庵景观理法研究[D]. 北京林业大学，2016.

[13] 赵光辉. 中国寺庙的园林环境[M]. 北京：北京旅游出版社，1987.

[14] 王鲁民. 影壁的发明与中国传统建筑轴线特征[J]. 建筑学报，2011，S1：62-67.

[15] 冯其庸. 中国艺术百科辞典[M]. 北京：商务印书馆，2004，1：452.

[16] 程晓丽. 九华山佛茶文化旅游开发研究[J]. 资源开发与市场，2007，（12）：1148-1150.

[17] 刘明光. 中国自然地理图集（第二版）[M]. 北京：中国地图出版社，1998：19-28.

[18] 张晖. 清代江南寺田初探[D]. 南京大学，2011.

第 七 章

九华山寺庙景观意境的营造

在中国传统造景中，风景营造往往与传统文化以及社会功能相结合。例如皇家园林通过造园手法体现皇权至上的权威和民族团结的政策；私家园林通过造园来展示园主的情操与修养；书院园林通过造园来进行民众教化；宗教名山则通过寺庙景观的营造与自然形胜的统合起到宣传宗教思想、教化信众的作用。这种造景手法不同于西方的造园审美方式，是中国独具特色的自然审美的表达。中国造园者通过不同的方式对自然进行干预和改造，将文化内涵融入自然形胜之中，形成中国特有的文化意境。意境与风景的紧密联系是中国造园艺术的传统思想。

人在欣赏物境时，产生了特定的情境，从而形成意境。将实体的景物与内心的情感联系起来有两种方式：一种是通过文学绘画等方式，使具有一定艺术审美能力的欣赏者，产生一种情感；另一种是通过楹联匾额、文学作品、故事传说的方式，将希望营造的意境以明确的方式给观赏者以指引，使其体会到营造者的情感。

本章通过对九华山人文意境的生成内容、方法的研究，来解析如何通过人为改造自然来形成具有传统审美与佛教文化并存的意境体系。

第一节　意境的生成

意境是中国传统美学思想中重要的艺术理念，也是儒释道三教哲学文化相融合之后所形成的传统哲学的观念。意境可以是有形的，也可以是无形的，虚虚实实，相互交融，为人们提供无限的思维想象空间。意境存在于各类艺术、建筑、园林之中，并对它们的发展起到了很大的推动作用。寺观园林作为中国古典园林的重要组成部分，也将意境作为园林的审美标准。

园林中的意境源于中国古代的诗歌与绘画之中，人们很早就开始懂得欣赏自然之美，早在魏晋南北朝时期就有意象与境界的说法，随着后续的发展，园林之中也逐渐将自然之景作为重要的组成部分。

九华山的寺庙景观是集自然、建筑以及园林景观于一体的综合性园林。其园林意境也可分为自然之境、建筑之境以及园林之境。

意境的生成分为三个阶段，首先是实体之景，是能够感知到的现实存在的景物；其次是由意象、情感所主导的虚体之景，需要加入人的想象与情感；最后便是上文所说的"最高灵境"，需要在虚实相间的景物、想象与情感之中得到升华。

第二节　意境生成的物象

　　人类通过五感来体察世界，所见、所闻、所触等都可以作为意境产生的手段，意境之中最为基础的是"物境"，它的产生就是通过这些手段对实体景物这类物象进行感知，物象从表面上看只是单一的实体，但是在空间之中就能提供更为全面的感知。最早这些物象和景物本身只是一种客观的存在，如果没有人将这些存在赋予其精神上或者文化上的内涵，它们就只是普通的存在，然而这些被赋予某种意义的物象却承载了很多事物。中国有历史悠久的传统文化积淀，这种文化又和儒释道三教文化吸收与融合，形成了一个独特的审美价值体系，所以在很多物象之中亦会有佛、道文化的体现。

一、视觉

　　视觉所传达的直观感受往往最容易使人信服。九华山的自然形胜、建筑景观以及植物景观都能给人以视觉上美的感受，针对这些风景元素的物象赋予其应有的文化内涵并通过视觉传达给观者，就可以实现九华山的风景在视觉上的意境营造。

　　莲峰云海为九华山十景之一，以自然风光的俊秀、文化内涵的丰富以及佛教文化的深厚浓郁而著称。因山腰常年云蒸雾绕，形似玉带，若登至山顶，经常可看见云海奇观，莲峰云海也因此得名。据《青阳县志》和《九华山志》载："莲花峰在翠盖峰东，乱峰层叠如莲花，上中下三处皆有庵，唯上莲花尤胜。石瓣嵌空，如菡萏初舒，色青紫欲浮。"莲花峰不仅峰奇、石怪、岩秀、谷幽，而且古迹名胜众多，当地盛传"先有莲花，后有九华"，历代名人赞美莲花峰的诗作极多，唐代大诗人李白的"天河挂绿水，秀出九芙蓉"。诗句中赞誉的"芙蓉"就是莲花峰。

二、听觉

　　听觉相比视觉能带来更多的想象空间。九华山中与声音有关的物象来源可以分为自然与人工两个途径，自然之声的物象十分直接，可以表现为林中的风声、草木摇曳之声、水声、鸟语、虫鸣等等；而人工之声的物象则主要表现为在山中回响的僧人木鱼诵经之声、朝暮钟鼓之声等，这些充满佛教气息的物象，往往被认为是山中寺庙日常生活的真实写照。

　　九华十景之一"化城晚钟"就是通过听觉生成意境。化城寺位于九华街中心。寺内原有一"万余斤"古钟。现存铜钟重1000公斤，高约2米，铸于清光绪年间，制作精美，音质洪亮悠扬。每当红日西沉，白云归岫，化城寺钟声一响，全山寺院僧尼便开始随钟声诵经。街上灯火辉映，寺庙内击鼓鸣磬，木鱼声、僧尼诵经声，婉转悠扬，散发出浓郁的"佛国"韵味。每逢新年伊始，撞钟108响，代表12个月、24个节气、72候，意味着岁岁平安，时时报喜，消灾灭祸。

三、嗅觉

嗅觉主要体现在寺庙的香花供佛之中。僧众以香花供养佛与菩萨来积攒功德或者消除业障，又或者使自身芳香清洁、远离污秽。茉莉、桂花、丁香、松柏等植物所具有的天然香气，得到了九华山僧人的青睐，被种植在寺庙之中。除此之外，寺庙之中对于佛香的应用也十分广泛，其中主要的作用是祭祀。相传先秦时期人们就开始在祭祀先祖、供奉神明中焚烧香木，随着香料和香具种类的不断增加，佛教也逐渐以香为信物，使得烧香敬佛流传至今。此外，佛门之中有"四食"的说法，相当于吃饭的四个境界，其中"断食"作为最初的境界包含了香、味、触三觉，"香"便是以鼻嗅之，也是吃饭的一种形式。

四、味觉

味觉在寺庙景观中主要起到辅助作用。其主要是通过饮茶、食素斋时产生的一种"苦"或"寡淡无味"的味觉感受来使僧人或游客体味"人生皆苦"的佛教哲理，而这种"苦"的体味又可以间接烘托出山中修行的清心寡欲，进而表现出一种淡泊宁静的宗教生活氛围。

传说金乔觉从新罗国渡海来，入唐求法。"袈裟借地"，得山主闵公让和的施舍，将这九华九十九峰作了他的道场。那年春天，春雨连绵，一连半个多月，九华山沉浸在浓雾细雨之中。金地藏坐岩洞中，诵经不歇。忽儿，隐隐听到耳边响起"噼叭、噼叭"的声音。原来是茶籽。在新罗国王子金地藏来唐的前一天深夜，遭父王废弃的母后含泪将她亲手采来的王家香茶籽，缝在金地藏的衣襟里。明白这茶籽来之不易，后来，金地藏将发了芽的茶籽取出，种在他禅修的南台（神光岭）向阳的山坡上。茶籽入土，日日见长。不出三月，竟长成一片郁郁葱葱的茶园，满山飘香。

南宋陈崖在其《九华诗集》"煎茶峰"诗中自注："昔金地藏招道侣于峰前，汲泉烹茗。"又注："广化寺钟楼其上"。由此可知，在九华山有座煎茶峰，其峰在宋代的广化寺钟楼上面，而山峰的得名是因为金地藏常于峰前汲泉煎茶。

这里所产的九华佛茶朝夕吸纳高山雾露之滋润，独吮奇花异草之灵气，条索匀整紧细，色泽嫩绿微黄，满披白毫，外形纤细，看起来柔弱无骨，可是用水一冲，即刻舒展，颗颗直立，叶片翠绿泛白。香气淡雅，汤色纯净，入口干净淡然，滋味醇和悠远，仿佛深山里的山寺钟声，悠长且厚重，使人心气平和，具有"茶中有佛"的禅意。

第三节 意境的表达方式

意境的说法来源于中国传统的绘画、诗歌等艺术哲学之中，同样也深深影响了我国的传统园林，在园林之中不乏对于意境的生成与营造。九华山园林意境营造的方法多样，具体可以总结为以下几种：

第一，直抒胸臆。九华山在造景的过程中，对景物的构图与色彩的选取皆十分讲究。为了能够达到移步易景的效果，充分运用园林中借景、障景、框景等手法，使人们在游览九华山的过程中，身临其境地感受来自景色的"诗情画意"，也可以说是对美景的一种最为直接的情感宣泄。

第二，比兴。比兴常出现于古代的诗歌之中，所谓"比"就是以他物比作此物，即比喻；而"兴"则是利用其他事物进行联想，触景生情。所谓托物言志、借景抒情就是诗文之中常用的比兴手法，这种表现手法也常被用在中国古典园林的意境营造中，园林之中景物与景点的布置与命名，皆蕴藏着造园主人的品德与志向。

第三，用典。用典是在诗词创作和绘画中，引用古籍中为人熟知的故事或词句，以含蓄地表达作者的思想和情感。这种方法可以达到不直接表明作者的态度和情感就能够使读者领略到言外之意。在园林意境的营造中，园主人也常常布置营造表现一些为人熟知的典故，来间接表明自己的态度和情感。

第四，移情。移情作为一种"情境相融"的视线处理手段，常被用于园林景观的营造之中。它可以通过对客观事物的关注并加以渲染，衬托出人的主观情感，从而使得人的情感在这个过程中不断放大，达到增强情感冲击的目的。

第五，通感。所谓通感就是通过语言来描述某一客观的实物，并且有意识地将人的五感表述进行交换，可以达到意想不到的奇特效果。这种手法亦经常被用于园林意境的营造之中，能够同时带动人的多个感觉器官，塑造出不同层次的整体空间感受。

第四节 意境的提示与指引

寺庙景观在营造的过程中，十分注重对于意境的提示和指引的作用，目的是将园林中的意境自然而然地展现给游人，让游人能身临其境感受其中的奥妙。关于九华山意境的提示与指引，一方面体现在位于山林的寺庙景观之中，它包含了与寺庙相关的牌匾、楹联、石刻、碑刻以及建筑装饰等。另一方面体现在九华山在悠久的文化发展中所形成的艺术载体，例如九华"十景"以及与之有关的诗文、画作等等。总的来说，这些指引与提示的有关内容能够让游人在亲身体验九华山的美景之余，充分感受九华山的文化精髓，还能更加深入到园林之中，进一步体悟九华山所散发出的真实意境。

一、楹联匾额

楹联作为中国文学之中重要的组成部分，有着悠久的历史，经过不断的发展，牌匾和楹联逐渐被应用于传统园林之中，它们作为一种常见的装饰元素，出现在园林建筑里，具有提示、明意的作用。人们在游园的过程之中可以通过这些文字的表述，体会园主人所想表达的文化内涵及其思想境界，从而达到"触景生情""情意相融"的目的。

在中国，儒与佛思想的渗透，促进了文化的融合。儒家的楹联，出现在佛门的寺庙经堂，就是两种文化交融的最好说明。佛门遍布联语，也是中国所独有。中国佛教与世界佛教有所不同，佛门的楹联显示出佛学的中国特色。九华山寺庙楹联的特点主要体现在以下三个方面：

1. 弘扬慈悲理念

佛教弘扬以慈悲为怀的精神理念，这同样也是佛教最为核心的价值观念和伦理准则，这种慈悲理念体现在九华山寺庙的楹联文化之中。例如百岁宫大雄宝殿的"佛国庄严呈琉璃界；普门辉煌现慈悲心"。它们皆是地藏菩萨的精神象征。

九华山上有许多寺庙的楹联与金地藏有关。例如地藏修行遗址上建造的天台寺、地藏晏坐过的东崖禅寺、安葬地藏肉身的肉身殿等。这些楹联表现出地藏菩萨慈悲精神以及人道主义思想。

九华山寺庙的楹联的内容之中也包含了人们对于和平生活的期待以及幸福长生的愿望。如化城寺山门的楹联"大圣道场同日月；千秋主刹护东西。"无量寺山门有楹联"焚一炷有限香，超脱苦海；念几声无量佛，长寿平安。"这类楹联表达了人类祈求和平、长寿的愿望（图7-1）。

2. 重视道德劝化

九华山的寺庙楹联多以委婉的言语劝人向善或给人以警示符合人们社会道义的基本准则，例如旃檀林大悲宝殿的楹联："若不回头，谁替你救苦救难；如能转念，无须我大慈大悲。"法华寺的楹联："蹊路上宜防失足，迷途中及早回头。"

九华山的寺庙通过楹联的有关内容促使人们向好的方向发展，引导人们要有包容宽广的胸襟，纯真自由的心境，并帮助人们升华自我的精神品格，同时还反映出佛教处处为世人着想、为给世人提供一个美丽的净土而付出，用佛给世人心灵上的安抚与精神慰藉，这种做法得到了大众的支持与认同。

3. 倡导和谐发展

九华山的寺庙楹联中展现了世间万物和谐发展的主题思想，并且认同万物有灵的人类普遍信仰，所以一些寺庙的楹联中描绘了人与自然万物和谐相处，展现了人与自然环境其乐融融的和谐之美。例如华天寺、胜鬘精舍、香山茅蓬中的楹联。如香山茅蓬中有楹联"香焚小楼绕经语；鸟语翠

肉身殿楹联

化城寺楹联

旃檀林楹联

图7-1 肉身殿、化城寺、旃檀林楹联匾额
（图片来源：作者自摄）

林闹春山"。华天寺中"夜静松涛僧语秘；月明山肃画心浮"。胜鬘精舍里的"野鹤山猿相疑洽；游蜂舞蝶任猖狂"。

九华山的寺庙历史悠久，其中部分寺庙楹联中反映了佛教僧众的日常生活状况，展现出僧人们生活之简朴、修行环境的清幽以及内心的坚定。如东崖禅寺的"草屋何人方管乐；老僧相伴有烟霞"。甘露寺的"帘影静垂，闲翻贝叶添新藏；磬声徐歇，自剪芭蕉写佛经"。以及龙庵的"相看法雨慈云，得真自在；验取晨钟暮鼓，具广设施"等。甘露寺、观音峰、龙庵、永兴茅蓬等寺庙中的楹联也对僧人修行的简朴、幽静的生活状态进行了描述。

二、诗文

山清水秀、景色优美的九华山历来是文人墨客的必游之地，留下的名人佳作不计其数，使得九华山的景色更具文化内涵。关于描写九华山的诗文根据内容题材的不同大致可以分为三种类型：描写景物为主的诗文，以宗教为主题的诗文以及描述文人生活现状的诗文。

1. 自然景物

九华山具有独特地理位置以及地形起伏，造就了山峦之间壮丽的云海景观，同时这里丰富的雨水资源滋润了山中的清泉与溪流，又形成了曲折潆洄的秀美水景。因此，九华山的自然风景历来被文人墨客作诗称赞，大约有300多首描写九华山风景的古诗歌留存至今。其中诗人吴襄所作的《九十九峰记》，晚唐诗人曹松所作的《灵芝镇晓发次五溪寄杜使君》，南宋丞相吴潜的《九华山天台峰新晴晓望》，以及明代大儒王阳明所作的《岩头闲坐漫成》等都描写了九华山的优美景色。在八景文化的影响下诞生的"九华十景"：五溪山色、天台晓日、碧桃瀑布、舒潭印月、九子泉声、莲峰云海、平岗积雪、东岩晏坐、天柱仙迹、化城晚钟。这些独具一格的景点更是被文人们所称道，并且作诗无数。

2. 宗教题材

随着九华山佛教的不断发展，九华山寺庙数量不断增多，香火兴旺。其寺庙古朴自然，别具特色。自古文人墨客来九华山游赏，留下了许多描写九华山佛寺的诗篇。它们大部分内容生动华丽，展现了寺庙景观的幽美，如：诗僧冷然《宿化城寺庄》一诗中有"岩边树动猿下涧，云里锡鸣僧上山。"殷文奎在《楼上望九华》一诗中写九华山僧人之多"谁家写在屏风上，岩上松间尽九僧。"清代诗人黄吉迪的《九华山》描写了祇园寺的风景。

除了对寺庙景观的描写以外，还有许多歌颂金地藏的诗篇。如唐代僧人一夔曾作"海离乡国，辞荣就苦空；结茅双树底，成塔万华中。"歌咏金地藏"圆寂"之后被供奉在石塔中一事。宋代学者罗少微也作有《地藏塔》。

早在佛教传入九华山之前，就有道教活动出现在九华山，许多高人曾修炼于九华山，如窦伯玉、赵广信、葛洪、赵知微等。也有很多诗词是描写道教人物与传说的，如唐代诗人贾岛的《寻窦仙隐居》。

3. 文人生活

中国古代的文人志士向来以自然山水作为自己理想的精神寄托，仕途不顺、考榜落第的他们向往归隐于山林的生活，在寺庙附近建精舍而居，或者在闲暇之余游历山水。著名的"九华四俊"许棠、张乔、张蠙和周繇等人就是如此，他们基本上都有相近的人生经历与感触，并且过着清贫隐居的生活。唐代隐士费冠卿就曾隐居在九华山的少微峰之下十五年之久，他在《闲居即事》中云：

"生计唯将三尺僮，学他贤者隐墙东。

照眠夜后多因月，扫地春来只藉风。

几处红旗驱战士，一园青草伴衰翁。

子房仙去孔明死，更有何人解指踪。"

诗中前文所述是他在九华陋室隐居生活的真实写照，后文则反映了他忧国忧民的思想。

三、摩崖石刻

在自然环境中，摩崖石刻对于营造意境来说显得至关重要。观者面对奇峰与周边优美秀丽的自然风光，脑海中往往会浮现各不相同的情景遐想。有时难免因为观景者审美情趣与欣赏水平的差异，导致自然界中大量引人入胜的美景被忽视。因此，摩崖石刻具有以下三点重要作用：（1）提示与醒目：吸引游人的注意力集中，有助于石刻所在处的美景得以被关注欣赏。（2）概括与总结：摩崖石刻表达的主题一般是对此处风光的感悟，能够对此刻情境的含蕴起到凝练总结作用，并且通过文字的内容描述可以使观景者心中产生共鸣，进而达到"情景交融"的境界。（3）丰富与衬托：摩崖石刻除了以中国书法题刻之美对现有的石壁进行景观改造，增加观赏内容，而且通过人工与自然的互相映衬烘托，形成具有高度艺术价值的观赏内容。

九华山摩崖石刻的主要分布点大致在东崖、刘冲盆地和天台等处，目前将其他处散布的石刻都统计在内，大约有五十余方摩崖石刻，绝大多数以文字为主要表现形式，间以少量佛教石像。在时间上起源于宋朝延续至民国，已逾千年。摩崖石刻真实记录了九华山的历史与人文发展历程，具有较高的史学价值和文学价值。

其中刘冲石刻群今列为县级文物保护单位，主要分布于柯村的刘冲盆地。盆地约为1平方公里的狭长形。唐代进士同时也是青阳人费冠卿无心官场仕途，长期在刘冲盆地隐居生活，"费拾遗书堂"即为此人所建造。后世为了赞美其高风亮节，留下大量供人传咏的诗篇。北宋著名隐士和青阳学者刘放曾在盆地的观音岩处进行了多年的读书创作，被称为"胸藏万卷书"的他著有誉满全国的《九华拾遗》图卷。刘放在其居所附近的石壁上刻有字径1米左右"清隐岩"三字。随着拜访与凭吊者不断增加诗文题刻，逐渐发展成如今的刘冲摩崖石刻群。石刻群现存的明清时期石刻不过十二方，其余明代前的多风化侵蚀不复存在，其中有施达、吴钟（"云波书"）、吴光锡、柯磊等人留下的摩崖石刻，不论刻工还是字体都十分苍道有力（图7-2）。

图7-2 九华山摩崖石刻（上：刘冲石刻群；中：天台寺摩崖石刻；下：江南第一山摩崖石刻）
（图片来源：上图引自http://www.tieba.com/p/4445629073?pid=86625830117&see_lz=1，中、下图为作者自摄）

四、九华十景

在中国传统的景观营造的文化中，常常选取若干具有代表性的、优美宜人的典型景观景致，以一定的主题串联起来形成一组系列，并为之创作具有深刻含蕴的诗文和景名，这就是众所周知的"八景"文化。这些典型景致往往最能反映出当地文化价值与景观特色，另一方面也寄托了造景人对于文化意境传达的偏好。"八景"文化体现了园林景观与诗作文学两者在不同的艺术领域一次重要的碰撞交融。通过对观赏到的自然风光的感悟，文学家、诗人受到启发于是创作出优美的文章诗篇；相应地，借景抒情的诗词歌赋也为原有的风景增添了审美情趣和文化内涵。

九华山中多溪流、瀑布、怪石、古洞、苍松、翠竹，水光山色独特别致，遍布名胜古迹，可谓人间仙境。其中，尤以"九华十景"最为著名。九华古十景为：天台晓日、碧桃瀑布、舒潭印月、九子泉声、莲峰云海、平岗积雪、东岩晏坐、天柱仙迹、化城晚钟、五溪山色。其中"东岩晏坐"和"化城晚钟"，是与佛教典故和佛教文化相关的景点，天台晓日、碧桃瀑布、舒潭印月、九子泉声、莲峰云海、平岗积雪、天柱仙迹、五溪山色均以自然风景为依托。九华山得天独厚的自然环境，为其佛教的发展提供了条件。

"化城晚钟"位于九华街。九华山化城寺以山为城。从山麓直上十余里有一山顶平地，被东崖西岭环抱，像一座城。城中有溪有田，僧俗烟火百余家，像村落，走入其中会忘了自己身在山顶，是游人以及礼佛者必到的地方。寺内有大钟，已毁于兵火，光绪年间重新铸造。每当红日西沉，白云归岫，钟声响彻山谷，回荡声经久不息，参禅者以此钟声洗涤心灵（图7-3）。

"天台晓日"位于天台峰。天台峰是九华山的主山峰，从天台以北分成两脉，天台东北诸山都是石峰，而西北诸山都是土山。例如化城芙蓉峰都是土山夹杂着部分岩石。天台峰高耸，可以俯瞰九华山九十九峰，日出景象壮观。古代很少有游人能到达天台峰。

"东岩晏坐"位于九华山东崖，东崖在中峰西北，因在化城寺东侧，比化城寺高出三里，故称东崖。崖上有岩石，像一座房屋。金地藏初到此地时，在东崖下栖居。原名东峰，弘治壬戌年（1502年），王阳明将其改名东岩。正德庚辰年（1520年）正月，王阳明至九华山，武宗使侦先生，见先生晏坐一室，故名晏坐岩。岩北为东崖精舍，前面有锦衣石。岩下有龙女泉，稍北有小天柱，与崖一样高。登东崖向东望可以看到天柱峰、五老峰等山峰，向西能看到古仙岩的美景，向南可以瞻仰天台，向北望长江，犹如一幅天然的画卷在徐徐展开（图7-4）。

"天柱仙迹"位于天柱峰。清代《九华山志》载："天柱峰耸拔千仞，如柱倚天，此华东第一峰也。"清代周研有诗赞："鳌头几千仞，奇峰顶上悬。九华尽平地，一柱独擎天。绝境齐昆阆，高踪仰谪仙。共工不敢触，五老立云边。"天柱峰高耸入云，四面陡峭如壁。西北方向可以看到五老峰，像五位仙人在云中漫步。

图7-3 九华古十景——化城晚钟（上）天台晓日（下）
（图片来源：《九华山志》）

图7-4 九华古十景——东岩晏坐（上）天柱仙迹（下）
（图片来源：《九华山志》）

"莲峰云海"位于莲花峰，虽然不是九华山最高峰，但登上峰顶会有高于天台的感觉。莲花峰因其峰上下常年云雾缭绕、景色壮观而得名，海拔高度1048米，远观如盛开的莲花吐蕊展瓣，亭亭玉立于群山之中。群峰在云海中时隐时现，宛若出水芙蓉（图7-5）。

　　"碧桃瀑布"位于大古岭西北的浮桃涧，凤楼岭的凤凰岭。瀑布来自真人峰和沙弥峰两谷的桃花岩，经长达200余米的陡崖峭谷，飞流直下峰麓的碧桃岩，形成宽5米的壮观瀑布。

　　"平岗积雪"位于平田岗。海拔近千米为高山之巅，有平岗数千米。九华山九十九峰都是悬崖峭壁，而平田岗却以平坦称奇。多数游客从长江入山都经过五溪，只有宣歙人仍从平岗入山。九华山大多数道路遇到大雪不能通行，唯有平岗不会被雪阻断（图7-6）。

　　"舒潭印月"位于舒姑泉。舒溪发源于翠盖峰西侧下方，有泉从岩缝中涌出，由小至大，击石鸣弦，称舒姑泉流成溪，飞崖三折，形成上雪潭、下雪潭和璎珞潭。上雪潭上悬水从10米高的崖壁飞落而下，形成"水沫抛来骤出奇，满空洒下雪纷披"的奇丽景观。潭上方有一巨石，称"大钓鱼台"。下雪潭上瀑布陡悬惊湍骇浪，奔流涌激，长于喷雪。潭北一石悬出断岩，方平如钓矶，称"小钓鱼台"。南有怪石状若鸡冠，称"鸡冠石"。璎珞潭在下雪潭下方，此处谷床平缓宽旷，溪水溢潭漫泻如流苏璎珞。舒溪三潭贯若连珠，每当晴日，"潭面波光媚日华，水文山影射檐芽"；入夜皓月当空，雪潭影静沉璧，呈现"一月印水，三潭齐明"的妙景。

　　"九子泉声"位于九子岩景区，在九子岩西北谷口上方，山泉汇集成涧，涧水从10米高的峡谷东注而下，如素云垂练，故名"垂云涧"。磐陀石侧，有垂云涧。涧床高峻，水势激射，中有瀑布如素云飘逸垂练；听落涧泉声，淅淅沥沥，如拨丝弦，似抛珠弄玉，清脆悦耳。大雨过后，似蛟龙伸腰展背，从十里高的云谷中奔腾出山，涧底银花四溅，如布雾露。上下云水一色，"飞瀑奔崖色皎然，飘空上下势相连"，十分壮观。附近还有七布泉，每当一番骤雨之后，泉流飞鸣而下，一条瀑布辗转为七折，似七匹白练垂空。群山如壁，万壑奔流，山岳欢腾，令人惊心动魄（图7-7）。

　　"五溪山色"源于龙溪、缥溪、谰溪、双溪、舒溪五条溪水汇成九华河，经五溪口向北直至贵池梅梗汇入长江，"五溪"因此而得名。周赟在《九华山志·五溪图记》中写道："九华山以天台为首，化城为腹，五溪为足。"在五溪向东南远眺可见莲花峰、双峰、天柱峰、笔架峰、狮子峰、列仙峰、独秀峰等，九华河纵贯其中，犹如玉带。

图7-5 九华古十景——莲峰云海（上）碧桃瀑布（下）
（图片来源：《九华山志》）

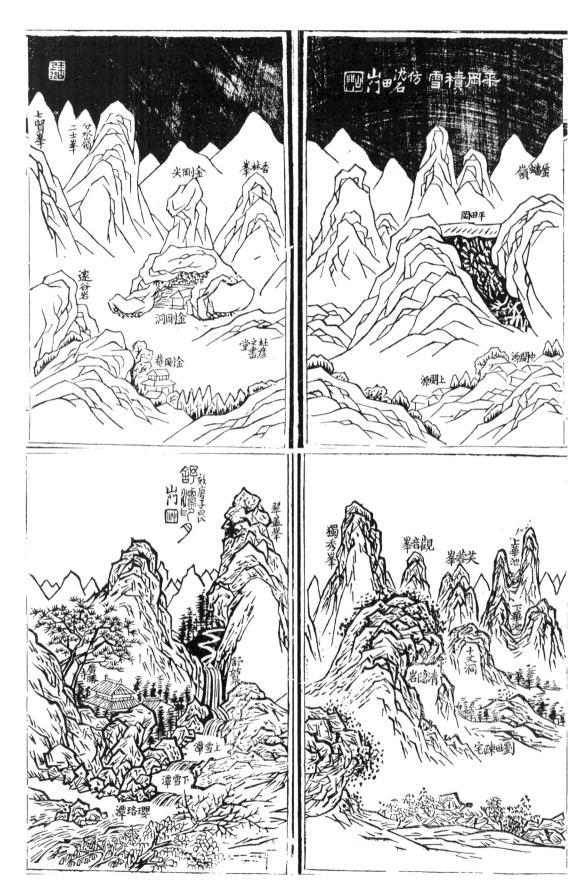

图7-6　九华古十景——平岗积雪（上）舒潭印月（下）
（图片来源：《九华山志》）

图7-7 九华古十景——九子泉声（上）五溪山色（下）
（图片来源：《九华山志》）

参考文献

[1] 刘翠鹏. 意在笔先融情入景——管窥中国园林意境的创造[D]. 北京林业大学，2004.

[2] 刘建中，刘丽莎. 简论香道的起源与发展[J]. 佛山科学技术学院学报（社会科学版），2016，（34）2: 1-6.

[3] 张小华. 中国楹联史[D]. 南京：南京大学，2012.

[4] 唐萌. 中国古代九华山诗研究[D]. 安徽大学，2013.

[5] 九华山志编纂委员会. 九华山志[M]. 合肥：黄山书社. 1990. P341.

[6] 彭定求. 全唐诗[M]. 北京：中华书局卷七一六三.

[7] 比丘德森. 九华山志[M]. 南京：江苏广陵古籍刻印社. P347.

[8] 王阳明. 王阳明全集[M]. 上海：上海古籍出版社. 1992. P774.

[9] [清]周赟. 九华山志[M]. 民国版卷六.

[10] 彭定求. 全唐诗[M]. 北京：中华书局. 卷四九五二.

第 八 章

九华山风景名胜区
保护与发展

第一节 现存问题

清朝后期至新中国成立前夕，九华山遭到连年战乱的严重破坏，给众多佛道胜迹带来了毁灭性的灾难，寺庙、道观建筑及佛像、文物被摧毁，山林自然环境受到破坏。昔日"莲花佛国"之盛况，已不复存在。改革开放后，佛道名山的保护受到重视，政府开始对这些珍贵的文化遗产进行保护和修复，九华山逐渐转变为风景名胜区。

自1979年以来，九华山旅游经济的迅速发展导致了一系列问题：为了追求旅游收益，九华山核心景区商业化建设急速扩张，导致佛教氛围、生态环境、景观风貌的严重破坏，影响到九华山独特的山林民居佛寺的兴衰存亡。

寺庙为竞相博取香火，大兴土木，甚至盲目建设。这些做法在为当地旅游和经济注入活力的同时，也造成了一系列问题。

一、改变原有建筑格局，乡土景观特色丧失

1. 大规模的宫殿式建筑

20世纪90年代以来，九华山景区为增加收入，吸引香客游人，兴建大批殿宇式建筑以及寮房等服务设施。新建的建筑采用现代的材料和工艺，建筑体量巨大，破坏了九华街原有景观尺度的和谐与平衡，改变了九华山独特的乡土建筑原生环境的完整性，导致景观质量严重恶化。

在商业利益的驱使下，许多寺庙的原始民居建筑被拆除，转而修建了许多重檐歇山的殿宇式建筑。为了修建更多更大规模的建筑，人们破坏山体结构，增建混凝土平台，在平台上修建多座殿宇，平台以下修建框架结构形成寮房。现在的古拜经台的建筑风格杂乱、尺度失控。大雄宝殿夸张浓重的色彩和体量，破坏了景观的尺度空间感，违背了寺庙建筑烘托自然山林景观的初衷。新建的建筑包括重檐歇山、翘角飞檐的大殿，以及模仿徽派民居的建筑，与九华山乡土建筑格格不入，建筑语言混杂，造成视觉拥塞，破坏了景观特质，降低了景观价值。

天台寺的重建也对原始的景观风貌造成了破坏。老天台寺的建筑风格是民居式，单一的山墙界面低调内敛，弱化寺庙本身，凸显山体的险峻陡峭之势，与周围的景观协调。新建的天台寺将登天台的香道以及山体进行了改造。老天台寺的香道随山势起伏转折，百转千回，空间感受变化丰富。而在新天台寺的改造中，将蹬道改造成直线形的天梯，石阶两侧修建了厚重的石栏、望柱、栏板，使蹬道显得过度仪式化。新的大尺度重檐歇山殿宇式大雄宝殿替代了老天台寺的民居式建筑，高度是原建筑的两倍。夸张的天梯与台地以及过高的建筑尺度使人观赏天台寺的视角只是过度夸张的檐角，建筑形象不再完整，也改变了天台峰原有的轮廓。

2．大规模的寮房建筑

近年来，九华山寺庙修建了大量寮房招揽香客。由于管理规定不够完善、法律法规尚未健全，这些寮房大多设计水平及建造水准低劣，对九华山自然景观资源造成了严重的破坏，极大地增加了生态环境压力。

这些大规模的寮房建筑的兴建均分布在前山后山的主景点寺庙，在时间上均始于近几年，即各寺完成大型殿宇的重建扩建之后开始。在改造前，九华山寺庙大多选址在优美的景点，依山傍水修建，从寺庙的多个方位均能有良好的景观视野。而经过大规模加建建筑后，寺庙营建之初的借景、观景点被侵占，视野范围单调。由于山地地势陡峭、用地局促，新建的寮房大多以6~8层高楼的形式来提高容积率，形式则往往壁立千仞，上下斩齐，造型僵硬呆板。其风格上均采用徽州民居的形式，表现在垂直折尺状叠落的马头山墙，而非当地乡土做法，屋面采用灰瓦，而非当地褐红缸瓦。这些马头山墙由于建筑高度过高，没有开窗等处理，且尺度夸张。在寮房的修建过程中，破坏了大量场地周边的山体林木，使建筑没有遮掩而尤为突出。每座寮房建筑与山体交接之处都露出大片剖开的山体岩土，甚至污水四溢，生活和建筑垃圾遍野。

位于天台正顶的天台寺在其重建的大雄宝殿后方修建了6层体量的寮房。形体方整、庞大，从山体中拔地而起，施工水平低劣，外立面杂乱。地藏洞原本藏于天台寺后方奇峰巨石夹缝中。洞前在两峰相峙之间展开一方不大空地，恰好可以越过前山山脊凹处，远观九华街盆地景致，十分难得。而天台寺寮房恰好修建在"地藏洞"遗址上方，开挖山石，对其造成了破坏。

这些过度无序建设的寮房建筑改变了九华山的景观风貌，导致传统古朴自然的山林寺庙营造的意境遭到了毁灭。

二、寺庙盲目扩张占据土地资源，增加生态环境负担

随着旅游业的发展，宾馆规模及后勤服务设施不断扩张。餐饮住宿建筑主要集中在九华街景区，缺乏有秩序的管理，占用大量景区用地，造成严重的资源浪费，导致九华街景区风貌无序发展，生态环境恶化。

九华街中心的凤形山，经过度开挖，已千疮百孔。过量的服务设施产生的污染，严重增加了生态环境的负担。

第二节　发展建议

改革开放初期，风景资源的恢复成为风景名胜区建设的重点工作；1985年国务院发布《风景名胜区管理暂行条例》，中国风景名胜区进入全

面发展时期，此时一些负面文化景观也开始出现；1992—1998年期间，政府资金的支持使风景名胜区得到了进一步发展，同时出现了自然景区人工化、商业化等过度开发的问题；1999年，建设部发布《风景名胜区规划规范》，对风景名胜区的规划建设提出了要求，开发模式开始往科学合理的方向发展，许多风景名胜区展开了拆迁整治，以恢复风景区原有的自然风貌，如衡山、峨眉山、九华山、武当山等佛道名山。从1978年至今，中国佛道名山风景资源的保护从起步到逐渐成熟。随着佛道名山风景名胜区的不断发展，风景资源的保护工作也面临着更大的挑战。而保护修缮历史文物，提高街区环境质量和寺庙品质是保护九华山风景资源的关键。

一、发展寺庙下院，缓解山顶压力

古人面对山顶用地面积不足的问题，采取了"下院"模式。将寺庙的部分功能转移到山下。例如东崖下院、百岁宫下院等。在山顶盲目扩张，会导致山体和景观的破坏，造成难以弥补的损失。如今将行政中心等功能迁移至山下，是下院模式的延续和发展。下院模式的进一步发展，需要更好的管理和协调措施。

二、统筹协调风景资源

九华山曾以化城寺为中心，七十二寮房山门朝向祖寺，体现了极高的秩序美；全山寺庙以皖南民居为主要形式，体现了建筑艺术之美；寺庙体量小巧，布局灵活，与自然融为一体，体现出自然之美；居民与僧众和谐相处，产生了"荤年"和"素年"的风俗。

随着寺庙不断发展建设，建筑技术和功能复杂化，对自然与人工建筑的协调性要求更高。在九华山未来的发展中，协调好人工建筑与自然形胜、新建筑与传统建筑、山上景区与山下景区，是实现风景健康生长、良性循环的关键。

三、提升建筑品质

在九华山发展的过程中，应避免追求豪华宫殿式寺庙的建设，而是合理地修缮传统建筑，保持朴实清新的民居特色。新增建筑应提高建筑的功能和效率，提升建造工艺和文化品质。

参考文献

[1] 袁牧. 文化遗产地的演进：安徽九华山九华街规划历史研究[A] // 中国建筑学会建筑史学分会、同济大学（Tongji University）. 全球视野下的中国建筑遗产—— 第四届中国建筑史学国际研讨会论文集（《营造》第四辑）[C]. 中国建筑学会建筑史学分会、同济大学（Tongji University），2007：8.

后记

世界不同文明正逐渐趋向交流、碰撞、借鉴、融合。在这样的背景下，坚持文化自信，至关重要。作为中华文明优秀传统文化的重要组成，寻找山岳风景名胜的文化价值所在，是风景园林行业和风景园林教育必须思考的问题。我们唯有了解先人创造的物质文明、精神文明、社会文明，唯有熟知和热爱民族自身的文化，才能更好地做到创造性转化和创新性发展。

风景名胜区是展示自然和文化的天然博物馆，区别于世界上其他国家的保护地，中国山岳风景名胜中蕴含的自然与人文高度融合的理景方法是中国优秀传统文化的重要载体。风景名胜在长期发展演变中形成独特的山水文化、红色文化、民俗文化等。历史、民俗、名人、诗文、书画等元素早已融入自然山水，成为中国文化传承、审美启智的重要空间载体。更是新时代践行"绿水青山就是金山银山"思想的成功范例。

山岳风景名胜是中国壮丽河山的缩影和代表，几十年来，笔者携研究生们跋山涉水，遍访名山大川，足迹遍布祖国各地。在自然的感化之下，多年来一直在思考"人化的自然"这一哲学和美学命题。随着时间的推移和对名山风景名胜认知的积累，逐步形成明确的思想体系和研究路径，遂作"中国名山风景名胜区研究丛书"，旨在挖掘和探讨中国山岳风景名胜中所蕴含的人与天调、自然与人文高度融合的理景精髓和文化传统。

本书撰写过程中，刘玮结合其博士论文做了大量工作，工作室的众多研究生展开了多次现场调研、测绘工作，获得了大量一手资料及数据。这对于九华山景观风貌保护和可持续发展具有重要意义，为山岳类风景名胜区人文景观与自然形胜的保护、恢复、更新提供了理论依据，也为后人提供了客观翔实的参考资料。这既是笔者的初衷，也是本书的价值所在。

诸多行业专家对本书提出了宝贵意见，中国建筑工业出版社对本书的出版给予了大力支持，认真审阅修订全部文稿，并对本书进行了精心的设计和编排，在此一并致谢。